時間管理
腦科專家教你善用時間62招
成功術

頭のいい人の時間攻略法

米山公啓◎著　　幕樂◎譯

〈序〉

從生活中多找出一點時間

老天賜給每個人一樣多的時間，奇怪的是，有人整天喊著「沒時間，沒時間」；卻也有人既有時間玩樂，還能好整以暇的工作。

雖然每個人得到的時間都是公平的。但是隨著個人感覺和用法的不同，還是會產生天差地遠的結果。我們會覺得無聊的時間特別漫長，快樂的時間則快速飛逝。童年的時候，經常抱怨時間走得好慢，但長大以後，許多人卻覺得時間過得太快，嘴邊經常說著：「咦，又是秋天了嗎？」

時間就是這麼不可思議，但若是能將它好好的運用在工作或生活上，它甚至會改變一個人的人生。

一定要過著有計畫、有目標的生活，才能算是珍惜時間嗎？其實不然，到底珍惜時間這四個字本身的意義在哪裡？在本書中，我們也將一起來思考時間的意義。

爲了實現自己的夢想，爲了堅定地朝著夢想前進，如何運用時間仍然是個非常重要的問題。

我自己從就職於大學附屬醫院的時候開始，就一直不輟地撰寫散文和醫療小說，常常爲了如何擠出時間來寫稿，而陷入苦戰之中。

但是，實際上只要多一點努力、花一點時間，其實還是可以做得到的。許多人就是因爲連這一點工夫都不想做，所以才會天天覺得時間不夠用，也無法實現自己的夢想。

現在，我每星期有兩天在醫院看診，一年要出十本以上的書，目前著作已超過一百八十冊，還不時在全國各地演講，並參與電視、廣播節目的演出。儘管如此，每一年我都還會安排數次一星期到十天的客船之旅，到世界各地旅行。

我常接到讀者的來信，關心地問我：「您這樣馬不停蹄的工作，身體受得了嗎？」但是，其實我從來不熬夜寫稿。由於我總是能有充分的時間，按著自己的步調來工作，所以從來沒有被時間追趕的感覺。

時間如此有限，我們該如何活用它，才能讓工作輕鬆順利地完成呢？針對這個問題，我從自身的經驗和腦科學的觀點，整理出一些想法，完成這本書，希望能幫助各位運用它，有效而輕鬆的找出更多的時間。

二〇〇七年六月　米山公啓

目錄

第三章 增加時間，還有這一招

第四章 成功人士的時間術

第五章 高效率時間的交際法

第六章 乍看白費的時間，其實也有用

第七章 掌控好時間的行程管理

第一章

從腦科學角度，正確運用時間

1 同時處理兩件事，提升腦力

幾件事同時做，提高工作效率

人的大腦並不擅長一心二用，比如說，一邊做菜一邊思考事情，或是一邊開車，一邊做重大決定等，這並非不能做到，但是一心二用時，通常都會有一方變得較爲遲鈍。

所以，若是我們能同時將兩件事情都處理妥當的話，那麼工作效率就會提升不少。

我指的是，一面上網查資料一面寫文章；或是一面檢查郵件，一面更新自己的部落格，或進而用iTunes來聽音樂。

當然，從精確的意義上來說，這樣做並不是同時處理兩件事。但是刻意訓練的結果，自然就能「這個做一點，那個做一點」。

我曾經同時撰寫三份別人委託的稿子，散文寫膩了就改寫實用書的稿子。稿子寫到一半，需要查資料；而看到了資料，腦中突然浮出某個靈感，於是立刻又著手寫起另一本書的企畫案。

我經常都是這麼用腦袋的。

由於工作種類繁多，所以我這種做法也可以說是不受時間束縛，自由地悠遊在時間之流中。

「首先把某事收尾，然後再開始另一項」——這種做法也是可行，但是從擴大創意的層面來說，盡可能擴展視野的工作方法還是比較有幫助的。

經由訓練可以增加大腦的短期工作記憶

當然，不夠熟悉習慣的話，上述的方法是做不到的。因此必須從平常就開始練習一心二用。

像是一邊看電視一邊讀報紙；一邊說話一邊打伊媚兒等，乍看之下好像做起事來沒個定性，其實這麼做確實可以達到同時進行的效果。

人在一心二用的時候，大腦中最主要的運作部位，稱之爲「前額葉皮質」（Prefrontal cortex）。這個部位具有短期工作記憶（Working memory）的功能，是一

大腦的工作記憶量增加中！
新聞

種暫時性的記憶裝置。

有一說認爲短期工作記憶無法鍛練，但也有人認爲它的容量會愈用愈大。而以我個人的經驗來看，長期練習一心二用之後，暫時的記憶裝置的容量的確會愈來愈大。

建議你不妨在日常生活中就開始學習一心二用，反覆練習之後，處理工作的效率應該也會慢慢提升才對。

小撇步

嘗試開始練習同時處理兩件事。

2 工作完成八成後暫停，工作更有效率

保留部分精力，做到八成就叫停

在工作上堅持完美主義的人，通常很難按時完成工作。因此，從合理化或是腦科學的角度來看，當天如果可以完成一百分時，做到八十分即暫停乃是一種有效率的方式。

有人可能誤以爲，這是將工作丟著不管。其實，做到一半暫停，幹勁仍會持續到第二天。所以即使放心大膽地暫停工作，腦中對工作仍保有完整的記憶，到了第二天，由於只要做完剩餘的兩成即可，所以立刻就能進入工作狀態中。

若是當天就把工作一口氣全部完成，第二天就必須開始另一件新任務了。從開始到上手之間又需要一些時間熱身。明知道早點開始可以早點結束，但出乎意料地，結果卻東摸西摸地浪費了不少時間，反而沒法子一股作氣地把事情做完。

然而，如果接續前一天的工作，就算沒什麼勁兒，只要循序漸進的工作即

可，心情上比較輕鬆。當前一天的事務完成後，做事的企圖心正在顛峰，所以下一件工作便能很順利地開始。

「八成工作術」對於保持工作意欲相當有效，不妨在八成階段刻意暫停工作試試。

不過要注意的是，我所說的並不是投入全部心力，但還是做不完，只能做到八成時，不得不中止。而是保留部分精力，見事情已快結束，暫告段落的意思。

多巴胺延續大腦的活性

這個理論我用腦科學來說明。

一個人企圖心旺盛的時候，是指大腦的視丘下部（hypothalamus）或是伏隔核（nuculeus accumbens）的部位，正在分泌出一種名爲多巴胺的腦內物質的狀態。

工作一旦完成，多巴胺的分泌就會停止。但是情緒還在興頭上，卻突然將之中止，那麼多巴胺就會持續的分泌。

當人集中心力專注在某件事情上時，會得到非常強烈的滿足感和快感。近年來，科學家也發現，不僅是視丘下部會分泌多巴胺，位於大腦中央（中腦）的腹側被蓋區（Ventral tegmental area）也都會通過前腦內側束，釋放多巴胺到伏隔核，而製造出滿足的感覺。

伏隔核是下達「開始行動」命令的地方，這一帶一旦興奮起來，就可算是處於沉迷的狀態。

只要持續這個狀態，工作時就能呈現欲罷不能的情緒。

所以，各位不妨放心大膽地「今天到此爲止」，暫時休息一下吧。

小撇步

今天的工作做到八成就收工回家吧。

3 設定目標，找出最短距離與最快時間

反覆處理一件事以強化大腦的運作架構

朝著目標進行工作——這聽起來像是再平常不過的理論。但實際上它是一種最能夠提高時間效率的有效方法。

大腦反覆進行同一件事時，會讓神經回路變化成更有效率的方式。人腦和電腦不同，反覆的使用會使它產生變化，進而提高效能。

因此工作之初，雖然比較費時，但工作速度會逐漸增快。一開始總覺得事情永遠做不完，做著做著速度就快了起來，最後仍舊能在預定時間內完成。（所以著手工作時，千萬不要因爲覺得沒辨法做到或是曠日費時就想放棄。）

有人或許覺得那是因爲「習慣成自然了吧？」其實它不是習慣，而是大腦提高效率在處理輸入的訊息。

只要訂定目標投入工作，並且努力不懈，就能不斷刷新最快完成的時間。

其理由就在於腦神經細胞之間的連結點「突觸」。同樣的事情反覆重做之後，突觸就會變得更強化、更堅固，也因此能夠更快地對事物產生反應。這不僅能使資料牢牢地記在腦海裡，而且也是資料處理速度加快的原因之一。

改善大腦的神經回路，正是加快工作速度的竅門，也是方法。因此，讀者們不妨親身體驗一下，反覆進行手頭的工作，看看可以多快到達目標。經由這種訓練，便能找到最短距離。

總而言之，尋找最短距離和最快時間並無捷徑，不管怎麼做都得腳踏實地的努力才行。

小撇步

只要朝著目標努力邁進，大腦的組織就會變得有效率。

4 樂觀思考能擠出時間

時間緊迫的壓力會使大腦遭到破壞

原以爲是時間逼得太緊，結果反而常常是「那個非得快點做不可」、「這個要馬上完成才行」，根本是自己逼自己。

這種緊張有個不可輕忽的一面，那就是緊張過度會轉化成壓力，給腦部帶來不良影響。

壓力會破壞海馬迴等大腦中與記憶相關的神經細胞。

所以，時間再怎麼緊迫，再怎麼忙碌，從保護大腦的角度來說，都應該抱持著「船到橋頭自然直」的樂觀心態。

一味地認爲「來不及了」、「這次又完蛋了」的話，大腦便無法對時間產生寬裕感。相反的，有時候聽到別人的一句「沒關係，安啦」，彷彿就會覺得時間充裕了起來。

急燥的人永遠都氣急敗壞，他們對時間的要求過於嚴苛，或是悲觀意識太強，而且如果不能常常保持在忙碌狀態，他們就會坐立難安。

輕鬆一點看待時間吧。你會發現因此多出不少時間哦。「船到橋頭自然直」的思考法，也是一種創造時間的祕訣哦。

小撇步

愈是忙碌，愈該輕鬆地告訴自己「船到橋頭自然直」。

5 增加談判對手大腦負荷，有益談判進行

人腦無法同時思考兩件事

與別人談判的時候，當然會希望結論能夠盡快出來，而且是對己方有利的結果。

這時候，有一種大腦特性，可以拿來當作談判的手法。那就是人腦很難同時思考兩三件事的特性。

在時間緊迫之下，大腦很難做出正確判斷。在這種情況下，大腦會根據感情來做判斷，也就是以自己的好惡爲優先。

所以，不妨將這種特性運用在談判桌上，也就是只要給對手的大腦增加負荷，讓他們無法做出理性判斷。

餐點已經為您準備好了。♪
理性的判斷
跑光光
來吧。

製造分散對手注意力的環境

比如說，一開始就聲明：「我今天不太有時間」，把時間的壓力丟給對手。對手便會因爲這句話而緊張，難以做出冷靜的判斷。

再來就是讓對手出一點小狀況。像是製造美女祕書突然闖進室內，或是端出美食等的意外小事件，給對手的大腦一點別的工作做。

一旦出現這種狀況時，大腦的理性判斷便全亂了套，很多時候都會衝動的做出判斷。

有時酒足飯飽之後不知怎地事情就決定了，這也是因爲席間完全不相干的話題，讓大腦思考其他的事情，因此就在不太能進行邏輯思考時做下了決定。

小撇步

談判時，增加對手大腦的負荷，可有助談判的順利進行。

6 大腦不善評估長期得失，近利誘惑大

滿足當下渴望乃是人的本能

就算明知「到了明天就可以休息二十分鐘」，人們還是會希望「今天休息十五分鐘」。這可以說是人類價值判斷的特性，人類的大腦不擅長掌握長期的得失。

股票買賣也是一樣，明知道股票擺個五年可以賺更多，但是看到今天股票漲個幾塊錢，就會想快點把它賣了進帳。

這是因爲人類心裡想要的不是明天的利益，而是眼前的利益。滿足現在的欲望，乃是一種本能的行爲。

所以，若是你想催促對方下決定，千萬別說「我等你到明天」，而該跟他說明「今天決定有什麼好處」，這樣比較可能幫助他較早下決定。

換句話說，雖然就長期來看，明天決定會比較有利，但若是他感受到今天決定的優點，便有可能轉爲今天決定了。

有爲的經營者會按捺這種衝動而做長期考量。但，很多人都做不到這點。

小撇步

談判桌上陳述眼前的利益，讓對方下決定。

7 提不起勁時，稍做休息後更有勁

熱身一段時間，幹勁才會衝上顛峰

誰都有過筋疲力竭、不想工作的時候。即使是我，也曾經感覺低潮來襲，一整天晃來晃去，什麼事都不想做。但是，我從不曾爲不來勁的情形感到煩惱。因爲我知道，多年長期的工作後，只要休息一段時間，就會漸漸地產生工作欲望了。事實上，休息過後，工作幹勁就會一飛沖天。

就像馬拉松或競走要熱身一樣，工作也需要經過十到十五分鐘時間之後才會來勁，並進入非常順手的狀態。我想這應該是因爲腦內開始分泌物質，使人體會到工作的快感吧。

另外，明白「工作開始之後，才會產生幹勁」的原理，還有一層重要的意義，那就是，改掉「提不起勁，所以就不做了」的錯誤觀念。我們應該把這種狀況解讀爲，雖然現在提不起勁，但只要在桌前試著做一段時間，就能漸漸進入狀況了。

到了夜間進度如飛

這種經驗累積久了，就算一整天晾著沒做事，一旦晚上開工之後卻進度飛快，四、五個小時內寫了三十頁稿紙的情況，也經常發生。

以作家來說，一天寫三十頁已是綽綽有餘，所以其他時間就算都拿來玩樂也划得來。

再次提醒各位，幹勁是開始工作後才刺激出來的。

小撇步

「幹勁是從工作中產生出來的。」

8 工作一小時休息一下，更能提高效率

練習感受「一小時」的時間長度

不管什麼樣的人，都不可能不眠不休的工作。如果不休息，大腦和身體都會疲倦。雖然在我專注工作的時候，也曾經連續作業幾個小時。不過那只是忙不過來罷了。

若是想按自己的節奏來工作，適度的休息還是絕對必要的。人類的緊張感大約以一個鐘頭爲極限。若是再持續下去，工作效率就會不升反降了。所以，千萬別太勉強自己，到了時間就該休息。坐在桌前一個小時，就休息個十分鐘，讓大腦休息一下再工作，是提高效率的不二法門。

此外，一小時不是用時鐘來計時，而要學會用身體去感覺它。時間感這種東西，如果時間很短，像是十秒或二十秒，在心裡默數的話大致是可以抓得準的。但是，如果想在工作中，不看時鐘而算準一個鐘頭是有相當難

度的。

這是因爲快樂的工作，感覺時間過得快，而討厭的工作則讓人覺得很漫長，時間會隨感覺而變化之故。

走路有益心情調整和大腦刺激

休息的方法非常重要。如果工作的內容以文字爲主，那麼休息時間就要多用右腦，看看圖畫或影像。

相反的，如果你的工作是用電腦處理影像畫面，就該拿本書來讀，刺激右腦。

若是進行邏輯性的思考之後，則不妨玩玩樂器作爲休息或心情調適。

此外，走路也可以刺激大腦。呆坐一小時後「到便利商店買個東西」，不但可以有效的調整心情，也是一種刺激大腦的好方法。

總之，盡量不要長時間做同一件事，時時提醒自己「大腦也會厭倦的」。

小撇步

工作一個小時，來個中場休息，讓大腦喘口氣。

9 期限前完成工作，評價會提升

約定期限前交件，博取對方信任

手上的工作完成後，緊接著進行下一份工作，是擴展自己業務的方法。這時候要如何讓對方樂於下次再上門，有個很重要的因素。首先，最低條件就是切實遵守交件期限。

拚了老命在期限內完成工作，準時交件，對方會覺得這是天經地義。這麼做並無法給對方留下什麼印象，自然也不可能得到特別好的評價。

但是，若是能在期限之前完成工作交件的話，那麼評價就會大大不同了。一個工作自然會帶來下一個工作。

理由在於人對於超出預期的回報，會得到極高的滿足感。

比如說，看到到期的保險金匯入帳戶，沒什麼特別的感覺，因爲很早以前就預料到了。而相比之下，買彩券中了大獎，卻能帶給我們相當的滿足感。

這種感覺跟大腦功能有很大的關係。在發生意外的驚奇時，視丘下部會比平常分泌更多的多巴胺，製造出快感。

由此可知，驚喜的禮物或派對，會比籌畫已久的聚會，來得更有意義。

對於工作，你不妨也從這點來想像。試試提前在期限前完成工作吧，不要等期限到時才交件，這麼做，別人對你的評價應會大大提升哦。

小撇步

試試在期限之前完成任務。

10 憑直覺行動，大腦處理更有效率

一天的工作行程，靠直覺決定

有時候，工作行程塞爆了，同一天裡兩個預定行程「強碰」，於是爲了哪個優先而煩惱不已。

對於行程的管理，翻開哪一本書都會教你要經常寫下to-do list。但是把該做的事都寫出來了，還是難以決定它們的優先順序。

其實對於日常生活中的大小瑣事，我們不用寫備忘，只要憑直覺來決定接下來要做的事。

所以，把大小事情都記在清單上，再選擇下一件要做的事，看似頗有效率，其實並不見得可以省到時間。

行程排好後卻感到一片茫然時，不妨問問自己現在想做什麼。憑著直覺去做事，大腦便可以更有效率地去處理。因爲，順著強烈的欲望去做，效率自然會變得更好。

說到行程管理，一般都會重視系統化的方式。但這方面是左腦的工作，處理上需要花時間。撇開邏輯性的思考，運用直覺來決定行動，從結果來看，反而比較可能達到滿意的成效。

今天應該先做什麼呢？利用新發現的方法，憑著當天的直覺來決定，反而能達到節省時間的效果。

直覺是有經驗背書的判斷

這裡所說的直覺，和我們一般說的「第六感」是兩回事。所謂的「第六感」，大多含有猜測或隨便判斷的成分，但直覺並不是這樣。

直覺，是依據自己的經驗和過去的記憶等，在大腦中做出的快速判斷。

當左腦進行邏輯性思考的時候，需要花費時間。但是右腦卻能立即做出判斷。我們的大腦可以說是憑藉右腦的快速資訊處理，才能進化至今日。

如果你無法相信自己的直覺，那是因爲你的經驗和知識都還不足的原因。

當了多年的醫生之後，只要聽到病人的口述，觀察他的症狀，就可以感覺到

「哪裡有問題」。實際上，我也曾經依據感覺來發現病灶所在。

這種專業的感覺，具有相當重大的意義。就算不是醫生，只要長年從事同一種工作，經驗會告訴我們，應該可以憑直覺做事。

由此可知，相信自己的直覺來決定行動的優先順序，也是極其重要的。

小撇步

試著相信自己的直覺來行動吧。

11 好奇心能強化腦中記憶

想要將資料留在記憶中，必須讓它轉變成「我的」

進入腦中的資訊，直到「意識」它的存在，才會留存在記憶中。單單只是「有趣」的感覺，就能讓該資訊留在記憶中。這是因爲每天我們所接觸的事情，大部分都不怎麼有趣，也不能讓人感動，所以無法留在記憶中。

不過，只要有意識地在「看」，或是有意識地在「聽」，就能把它暫時記在腦中，而其中若有重要的事項，則就會轉化成長期記憶。

看電視若是心不在焉，也就只是殺時間而已。

然而，一旦感覺「這個有意思！」把它記錄下來的話，它就會留在記憶中，也就不會浪費時間了。

所以「有意識」這件事，十分重要。

覆述事情加以確認

「現在在做什麼？」、「現在在看電視」、「現在在讀書」……讀者們不妨每做一個動作時，便覆述這個行爲做爲確認。

意識一件事便會讓眼前的資訊烙印在腦海中。

「我今天到底做過什麼事？」問這種問題，表示你一天的時間都白費了。

小撇步

說出自己現在正在做的事。

12 飲酒過量，不僅浪費時間，還會傷害腦

請客、和同事抱怨都是浪費時間

我因為不喝酒，所以從來沒有把時間花在去酒館喝一杯上。

雖然有些人會在酒後吐真言，說些工作上的八卦，但真正工作上有能力的人，似乎都不會把時間花在那上面。

接受款待會感覺痛快，可以說是一種非常危險的狀態。

如果因為愛喝酒，「很想珍惜『好好喝一杯』的時間」，那是屬於個人癖好，倒還無可厚非。但若是每回去喝酒，都只是為了跟同事吐苦水說八卦，那就完全是時間的浪費了。

好像很多人都是為了紓解壓力才去喝酒的，但從生活習慣病的預防來說，適量的飲酒才是對身體最好的保健法。若是過量，反而對身體產生負荷呢。

狂飲的結果可能導致失智症

當然，過量的飲酒對大腦的傷害也會增強。大量的酒精會破壞腦神經細胞，使大腦逐漸萎縮。其對大腦的傷害，尤以大腦前部的前額葉影響最甚。

前額葉負責事物的判斷和意志決策，可說是最能表現人性化功能的位置。簡言之，每天不停的喝酒，我們就無法做出正確的判斷。每天大量的喝酒，極有可能走向失智症一途。

此外，要將酒精代謝掉，身體需要大量的維生素B_1，然而維生素B_1也是製造大腦能量的重要元素，若是因爲飲酒而造成維生素B_1缺乏，對大腦的影響可謂惡性循環。

為何喝了酒就會產生開放感？

喝了酒之後雖會感到飄飄然，但若是沒有節制，首先就會麻痺大腦皮層，之後，跟人的欲望直接相連的大腦邊緣系統也會跟著麻痺，這時候自我控制能力就會失效，以致出現拳打腳踢或口出狂言的情形。若是酒精的作用影響到小腦，進

書上說健康飲用量是一天90c.c.。
要不要再喝一點？

入酩酊狀態，便會開始步履蹣跚。

此時若還繼續狂飲，使得控制呼吸的延髓也被麻痺的話，最壞的狀況有可能引起急性酒精中毒而枉送一命。

健康飲用量，每日九十c.c.以下

酒一下肚就忘了分寸的人，不如乾脆不要喝。這樣不僅有益健康，在工作或交際應酬上也比較安全。

很多長壽的老人都表示有飲酒的習慣。但是他們飲用量換算起來相當於每天九十C.C.。總而言之，健全而適量的飲酒才是長壽之道。

飲酒過量不但剝奪了時間，也奪走你的健康，這一點請一定要慎重考慮。萬一不小心病倒進了醫院，損失將無法估計。

保持健康是節約時間的最好方法。

小撇步

減少喝酒的時間，把它挪來做更有效率的運用。

第二章

你的時間還可以增加更多

1 想成功，早晨時間的運用非常重要

早點出門上班，多點自己的時間

我們每個人每天都只有二十四小時可以用，沒辦法再增加了。所以如何運用這些時間，創造「自己的時間」就是關鍵所在。

擔任主管的人因爲可以自行調配行程，較容易挪出多餘的時間。但是，只要是上班族，每天都還是會被朝九晚五的時間綁住，可以說動彈不得。

既然如此，那就只能在上班時間之外，擠出「自己的時間」了。首要的做法，不外乎有效的運用清晨時間。

如果公司是早上九點打卡，那就七點到，再晚也要提前一個鐘頭，那麼就能創造出自己的時間。

當然，這並不是教你沒事坐在那裡發呆。

進到公司之後，光是查看電子信箱寫回信就要花去不少時間，若是這項工作能在上班前進行，等到九點上班時，便能收到對方的回信，工作自然也會進行得更順暢。

製造早晨的時間，讓自己的工作早點上軌道，也就能領先其他人了。

清晨六點上班成就現在的作家生涯

以我個人來說，在大學附屬醫院擔任住院醫師的時代，我就曾經為了擠出時間寫稿而在清晨六點上班。

我每天比別人多出兩個小時、完全自由的時間，這樣持續一年之後，就跟別人有了顯著的不同。

清晨提早上班，這個方法看起來好像微不足道，但至少我周圍的醫師沒有人這麼做。

不過，在一些優秀的教授級人物中，的確有人一大早就抵達學校開始工作。

一天多出兩小時，日積月累的結果，就會造成相當大的差距。

而且一旦習慣之後，便也不會覺得需要特別費心，反而因為多了屬於自己的時間，而樂在其中。

每天清晨在醫院裡寫稿的時間，是我最充實快樂的時光。只要努力地想辦法去創造時間，應該還有很多機會吧。只有充分的運用它，才能眞正的活化時間。

小撇步

早上提早一小時上班，和同事們拉開差距吧。

2 寫下二十四小時的作息內容，找出浪費點

一天當中，有沒有一段空白的時間呢？

時間的運用和減肥方法非常類似。

減肥時，對於自己吃了什麼、吃了多少都要有很清楚的自覺，否則一定無法成功。

減肥的方法之一，就是把吃過的東西，全都一五一十地寫成日記。藉由記錄，確認自己實際上到底吃了多少東西。

所以，同樣的，你不妨把二十四小時的作息內容都寫下來看看吧。在日記上以小時為單位，把每一個行動都鉅細靡遺地記錄下來。

然後，寫出每段時間做了什麼有益，或是有創造力的事。

寫完之後，你應該立刻可以發現，有益的時間竟然那麼短。你所花費的時間，生產了些什麼，又思考了什麼呢？如果寫不出來，就表示以後這段時間，還

有可能做有效的運用。

比如說，「早上七點到八點搭電車通勤」，如果只有單純這個動作，那段時間是產生不出什麼東西來的。但若是寫了「看書」，那麼時間就算做了有效運用了，又像是閱讀公司的文件資料，那表示有注意到這段時間可以運用。

睡覺時間，大腦也想點東西

回頭想想，若是其中一段時間什麼事也沒做的話，就應該想辦法改善。

各位不妨照著這個方法，把二十四小時的作息寫出來看看。睡覺時間也不能例外。這段時間只是沉睡？清醒時想到了什麼？這些都可以記錄下來。

以我來說，躺下來休息時會思考某些事，因而經常在醒來時，又有了新的想法。

如果不把睡眠期間當作可能「產生新點子的機會」，那麼就不算眞正的有效使用時間。

靈感
筆記

在筆記本上——寫下所有靈感

靈感不是在桌子前一再念誦，或是在會議中絞盡腦汁就可以想得出來的。反倒是在心無罣礙的自由時間，靈感才會自然湧現。

而且，當靈感浮現腦際時，若不能馬上寫下來，馬上就會消失。因此最好能養成習慣，經常寫下新的靈感。

睡覺的時候，可以在枕頭邊準備一本有畫橫線的A4筆記本。早上醒來想到什麼靈感，就把它寫進這本筆記中。

當然，一天當中腦中浮現的想法也是一樣。筆記中記錄日期和時間，按照時間順序把想到的靈感寫下來，不需要將它分門別類，否則反而會讓訊息分散。

累積了一星期份的紀錄後，再翻到前面重新檢視一遍。有用的部分在電腦另開新檔記錄下來。輸進電腦不但可以重新確認一次想法，而且也能隨時把它叫出來。

雖然想到的靈感未必馬上能應用在工作上，但有時候卻會在意外的時候派上用場。

以我來說，為了想一本書的企畫，有時靈感來了，或是手邊有空，光是書名就可以寫下二十個左右。

先不用考慮它是否會實現，只要將腦中浮現的訊息寫出來就行了，就先從這一步開始做做看吧。

小撇步

養成把腦中浮現的靈感寫在筆記本裡的習慣吧。

3 關掉電視是創造時間的好方法

你會盯在電視前看個沒完嗎？

一天當中，我們花費在看電視的時間，恐怕比我們想像中要多很多。

有時候疲倦地回到家裡，反射性地打開電視，就這樣動也不動的一看就是幾小時，這種經驗很多人都有過吧。遇到無趣的節目，就拿起遙控器東轉西轉，即使如此，卻還是一直看下去。

當然，並不是所有的電視節目都是無益的，問題在於你是否「有意識地在看」。

電視台爲了吸引觀眾持續收看，在節目中設計了種種的陷阱。像是，當主持人說：「那麼，答案是？」的時候就切進廣告，直銷節目則總是賣關子，不公布價格，兜了半天圈子，就是要你把節目看到最後一秒。我們如果不是有意識地在看電視，最後就會一直看下去，捨不得關機。

若是日復一日都是如此，那麼你的寶貴時間應該已經白白流失不少了。

在郵輪上發現電視的功與過

我搭乘海外的大型客船在海上航行時，電視當然只能看到CNN或BBC等國外衛星節目。看過少許新聞報導後，就會把電視關掉了。和平常的生活比起來，在船上接觸到的訊息變少，但是卻一點也不會感到不方便。

經歷過不看電視的生活後，才深深體會到電視占去了我們多少時光。回到日本之後，我已養成了習慣，漸漸不再看沒必要看的電視節目。

如果不能提起勇氣關掉電視，恐怕很難為自己創造時間。

尤其是資訊性極少，純粹只是殺時間的節目，必須勉強自己不要看。

不過，與其勉強自己忍著不看電視，不如看清一件事實——現今日本的電視節目是如何無聊——比較重要。與國外的紀錄片或連續劇的充實性相比，國內的節目幾乎可以說完全難以匹敵。

因此，我通常會把想看的國外節目輸入iPod中，等有空的時候再看。這麼一來，就不會無止無盡地一直瞪著電視看。自己主動控制時間，並且也利用到電視的功能。

時至今日，已經不再是配合電視放映時間來過生活的時代了。

小撇步

晚上別再釘在電視機前了。

4 意識到時間的生產性，便不會白費時間

什麼時間過得沒有意義？

生活當中什麼時間會讓人覺得是白白浪費的呢？

花王企業的董事長後藤卓也曾說，星期六打掃自家的浴室最白費時間。

從一家大企業老板的立場來看，或許它眞的浪費時間。但是，從一家生產家庭用洗潔劑企業的領袖來說，這樣的實踐可反映在工作上，就這個層面而言，絕不能算是浪費時間。

總而言之，「無意義的時間」換個方式想，也會變成「有益的時間」。

比如說，即使只是坐著看電視，但若是此時腦中迸出工作上的點子，那就算是有益的時間。以我來說，搭新幹線時經常想到很多新書企畫的點子，所以行動中的時間，都不能算是無意義的時間。

我去關西演講，那裡的演講車馬費寥寥可數，然而在前往途中，我可能得到

很多新的靈感，或是可以好好地讀一本書，最後，整體加在一起考量，反而是一件很有效率的行動。

相反的，光只是坐在書桌前，腦筋卻一片空白，這才叫做無意義的時間吧。

心裡打算做些什麼，實際上卻什麼也沒做，這種時間也是無意義的。

意識到時間的生產性

如果我們很清楚自己現下做些什麼，為什麼目的而讀書，即便在看電視，也打算獲取什麼樣的訊息等的話，那麼那段時光的意義便會迥然不同。

玩耍、沒在工作等的時間，並不等

於白費的時間。

簡單的說，經過某段時間後，是否能清楚說出自己「完成了ｘｘ」或「有了瞭解ｘｘ的機會」乃是關鍵所在。

如何把那段時間轉換成具有生產力的時間呢？希望各位能時時把這問題放在心上。

小撇步

常常在意識中想著：現在、這個時間，我要用在什麼目的上？

5 隨時帶本書，以防突然空出的時間

行程不可能盡如人意

我想，一整天的行程應該不可能百分之百都按時達成吧？因此意外空出的時間，該如何運用，便成爲有效率的時間活用術中，非常重要的課題之一。

我常常在皮包裡放一、兩本新出版的書，有了書，至少可以打發好幾小時的時間。

平常我習慣到書店，買幾本書放著。出門時必定從中挑選兩本帶在身邊。爲什麼不多不少剛好是兩本呢？那是因爲，萬一第一本太無聊，還有第二本可以支援，否則就要乾瞪眼了。

不管網路如何普及，但其便利性還是比不上書。讀書肯定能夠增益自己，同時也能收集新的資訊。書的重要性是永恆不變的。

因此，重點在於到書店去該買什麼書。別管書暢銷不暢銷，買自己有興趣的書就對了。

小撇步 **皮包裡隨時放兩本書帶著走。**

6 突然多出的時間，應採取可以留在記憶中的行動

去美術館或圖書館逛逛

與人約定時間見面，對方卻遲到一小時或是突然放了鴿子，於是多出一大段空白的時間，這種事應該常有經驗吧。

這段空白時間的使用方法也很重要。若是在咖啡館裡呆坐，任時光流逝，那才是眞正的浪費。

這一個小時若是在白天，而且還有移動位置的緩衝時間的話，就應該把它用在某個目的上。

而且，假日不妨往人多的地方去走走。像是去美術館啦、圖書館之類的，多出的一個小時，應該採取一些可以留在記憶中的行動。

萬一無法移動，查看記事簿或通訊錄

另外，若是無法離開現場時，就來整理一下行程，或是自己的記憶吧。取出你的記事簿，想想自己一年前的狀況，或是打開手機的通訊錄，給好久沒聯絡的人寫個簡訊，把時間用在回顧自己的過去，也是不錯的選擇吧。

我們日復一日地過著忙碌的生活，平常根本沒時間回首過往，於是這多出的一小時，就顯得無比珍貴了。

小撇步

突然空出的時間，不妨給久未聯絡的朋友寫封電子郵件吧。

第三章

增加時間，還有這一招

1 利用網路節省購物時間

人氣新商品從網路拍賣上購得

上網瀏覽網頁，有時候眞是一種非常耗費時間的事，但不同的狀況下，它也可以很有技巧的幫你製造出很多時間。

比如說，剛出爐的新商品人氣正夯，看得人心動不已，於是打定主意非把它買到手不可。這時，最直接的方法就是在發行當天，到店面去排隊購買，但是這麼一來，一天當中就有不少時間浪費掉了。

因此，我的做法是，到「雅虎拍賣」等拍賣網站去競標。新發行的商品幾乎可以說百分百都會立即在網站上推出，只要把它標下來就好了。

當然這得多花一點銀子，但是時間卻省下來了。

爲了節省時間，偶爾不得不多花點錢。但是時間就是這麼珍貴——建立這種觀念也是十分必要的。

對擁有永遠貪心的日本人

新宿有一家很有名的美國甜甜圈店，自它開店以來永遠大排長龍，據說得排一個半小時以上才買得到。

有些人平常嘴上說忙，但遇到想要的東西，不管是寒冬炎暑，也願意去排隊購買。看到這種畫面，真讓人覺得他們對時間運用實在是不可思議。

如果不想浪費排隊的時間，但又無論如何都想買到那個甜甜圈的話，可以花錢雇人幫你排隊，甚至若是家財萬貫，還可以乾脆把整間店都買下來。

當然，那種事在現實中不會發生。應該也沒有人會這麼做吧。

但我所想說的是，「錢可以買得到時間」，請各位一定要建立這個觀念。

熱門旅館用網路預約，十分便利

甜甜圈或許無法在拍賣網站上購得。但像是熱門旅館的訂房就可以妥善運用網路。這類旅館平時大都不太容易訂得到，若是不一再打電話還可能聯絡不上。這些時間基本上都浪費掉了。

不過，大部分的旅館現在都有開放二十四小時網路預約。利用這個方法，就能在自己喜歡的時間裡預約。

此外，雅虎拍賣也設有預約旅館的網頁（譯按：這裡指的是日本雅虎，台灣雅虎只有旅遊住宿劵的服務），怎可不好好利用它呢。

滿足欲望是「節省時間」的敵人

只不過，從滿足感來說，別人幫忙排來的甜甜圈，自然不如自己花一個半小時買到的甜甜圈來得有意義，滿足感也比較高。

但是，這隱藏著一個危險的陷阱。也就是說，「靠自己努力」所得到的快感，會讓人忘記「把時間浪費掉了」的感覺。

日常生活中常有這種事發生。

午餐前在人氣餐廳前面排隊的人們，他們的執著只是爲了提高自己的滿足感。若是便利超商的便當可以解決一頓，或是利用便當宅配，那麼時間就可以用在其他的事物上了。

小撇步

運用網路的服務，企圖縮短時間。

2 郵件傳至手機簡訊，讀完後立刻回信

提早回信，對方也會多給你時間

某些人即使你發了電子郵件給他，他的回覆也是慢半拍。當然，由於不是電話聯絡，對方自然會以自己的事情優先，等有空再回信。但經過一天才姍姍來遲的回信，卻已失去電子郵件的意義了。

我經常會把電腦裡的郵件傳送到手機裡。

當場必須立刻回覆的信件，我會先回信給對方表示「看到了」，詳細的回覆，等回家開了電腦，或是在出差當地找可以用筆記型電腦的地方，回信給對方。經常即時查閱電子郵件，可以立刻回信，而對方也可以多保留時間給你。

我知道有的人只有在公司才會開信箱，這樣的話，星期五晚上發的郵件，等看到時已經是星期一了。對方爲了等他的回覆，只好暫停工作，對彼此的時間都是浪費。

總之，郵件愈早看到，愈早回覆最好。這樣自己的下一步動作也可以盡早決定。

可能的話，最好準備一台筆記型電腦

若要早一步回信，不僅應運用手機傳送，還必須有一台可常時連接網路的筆記型電腦。

出差的時候，盡可能選擇有無線基地台的旅館。這類資訊多可從網路上查得到。

此外，我到國外時也需要用到手機，所以隨時準備了國內用和國外用兩種手機。（譯按：日本的手機通信系統，與世界其他地方的ＳＩＭ卡系統不同，所以才有此說明。）

另外，我還有一台附鍵盤的手機（智慧型手機），這在旅館裡可以代替網路纜線傳輸，非常便利。

經常保持隨時隨地都能對應工作的姿態，乃是緊抓住工作契機的不二法門。

小撇步

郵件傳送到手機上，即時回信。

3 有了筆記型電腦和網路，何時何地都能展開工作

有了便利的事務工具，到哪兒都能變成工作場

工作並非坐在書桌前才能完成，像我這樣以寫作為業的人，只要有一台筆記型電腦，到哪裡都能進行我的撰稿工作。也確實很難讓時間白白流逝。

因此，我經常會將筆記型電腦帶著走。最近的機種有漸漸走向輕薄的趨勢，然而不論再怎麼輕，至少都要一公斤上下，帶著它行動還是有嫌麻煩的時候。

這種情形下，我就會運用前面提及的智慧型手機，來代替電腦寫稿。

總而言之，帶著隨時隨地都可以寫稿的工具，對我而言，也是一種有助於節省時間的方法。

做好網路連線的準備

再者，網路環境也是不可或缺的。必須做好所有準備，以便在任何地方都能

連線。

筆記型電腦使用的是ＰＨＳ用的網路卡。在ＰＨＳ通訊不良的地方，就得使用手機來連接網路，爲了保持網路通暢，也該隨身攜帶手機用的纜線。當然，也要準備無線網路卡。

有了網路連線，就能立刻回信或傳送稿件，當然這些都要花錢，但這錢可以買到時間呢。

小撇步

準備一個用筆記型電腦連接網路的環境吧。

4 隨時備好電腦周邊的耗材，避免浪費時間

用完之前買好

印表機的墨水，若是不知道型號，就算到了店裡也沒法買。所以，建議你把自己電腦和印表機的型號，先記錄在記事本上。

電腦周邊的耗材，購買起來煞是費時，所以經常能拖就拖，等到突然發現不夠了，卻因爲工作太忙，不想花時間去買。最後拖到不買不行時，工作卻得停擺，反而多浪費了時間。

紙張、光碟片等也是一樣，沒去買就無法繼續進行作業。

大公司會先預備好耗材，但在自家公司上班的話，那就是自己的工作了。

別忘了幫電腦資料進行備份

提高自用電腦的性能，也是節省工作時間的重要步驟之一。

比如說，若是現在硬碟壞了，你該怎麼辦？
硬碟內的資訊若是消失的話，不僅工作無法進行，連復元都會曠日費時。
因此，建議各位常態性的準備備份用的硬碟，並且把重要的設定拷貝在隨身碟上。為應付緊急狀態，最好也要備妥支援電腦的機器和系統軟體。

小撇步

個人電腦周邊機器型號要記在記事本中，資料則要先備份。

5 善用搭乘新幹線的時間，工作更有效率

拋開「殺時間」的想法

每次看到有人在新幹線上睡覺，就覺得眞是可惜。

當然，如果我很疲倦的話，也會利用這段時間睡覺。但基本上，乘坐新幹線的時間，是用來工作的。

嫌車廂內的噪音太多，就戴起iPod，一邊聽音樂一邊用筆記型電腦寫稿，又或是把帶在身上的書，在來回搭乘的時間內讀到滾瓜爛熟。還有，把多買的雜誌當中有趣的部分撕下來。總之，就是努力做些事情。

當然，如果需要檢查稿子的話，我也會這麼做。在火車上，工作注意力特別能集中，比在家裡工作還要有效率。

當行動受到拘束，或是必須待在某地的狀況下，人類的大腦就會發揮作用。

乘新幹線從東京到大阪之間，至少需要坐定兩個半小時，因此，大腦就會開

啪

始想做些事。

若是此時有該做而未做的工作，就能做最有效的運用，而不致白費時間。

當然，即便是閱讀雜誌，也能從中找到自己下一本新書的點子。以尋找新點子的觀點來讀雜誌，便可發現很多有助於工作的情報。

萬萬不可以爲讀雜誌只是用來「殺時間」。

小撇步

把新幹線車廂當作自己的書房吧。

6 無聊的會議，正好用來做有趣的發想

確認記事本上的行程

說起無聊的會議，還眞是多不勝數。明明是以TOP-DOWN（譯注：上面決定好的事，交由下面的人去執行）方式，老早就決定好的事，卻常常還要假裝是大家討論出來的結果。這類的會議不時可見。

有些時候還必須出席跟自己工作沒有直接關係的會議。

當我在大學附屬醫院任職的時候，也出席過很多次爲早已定案的事情所做的形式化會議。

我的心裡總是抱著一個問號，大家明明說「當醫生很忙」，爲什麼還要把時間浪費在這種會議上？

我之所以離開大學附屬醫院的理由之一，也是因爲對這種無意義的時間浪費，感到非常不滿之故。

煩躁不安
今天看來又要長篇大論了
……正好用來查對行程

我希望自己能判斷如何有效、自由的運用時間。後來這想法變成一股強烈的願望。

儘管如此，在大學附屬醫院任職的期間，我還是必須思考如何把無聊的會議轉變成個人有用的時間。當時也正是我打算走入寫作生涯的時期。所以我會在無聊的會議中拿出記事簿確認行程，或是思考作品的構想。

行動受到束縛，但腦中卻是自由的

我們的頭腦是一個任何人或事都無法入侵的世界。大腦想要思考什麼完全是個人的自由。

不管再怎麼無聊的會議，若是打瞌睡混過去，或是和隔壁同事同聲抱怨，都只是時間的浪費。

自己的行動愈是受到限制，大腦中愈有機會自由地做趣味的發想。既然坐在那裡不能隨便亂動，那就用這段時間來想想會議結束後要做些什麼，哪些事非做不可，也可以重新確認下一週的行程，甚至還可以擬定某些計畫等等，這些都是很好的時間利用法。

說不定，你會出乎意料地擴大了自己的創意空間哦。

小撇步 **在無聊的會議上確認自己的行程。**

7 預習和動腦筋，重在「縮短處理時間」

預做準備再行動

走到超市的收銀台前付錢時，有些人是看到總計金額才拿出鈔票來找錢，但也有人是大略估算過，看到收銀機的金額後，盡可能以零錢支付而不要找錢。從結果來看，這兩種人在超市所花的時間就有差距。

若要再進一步節省時間的話，就應該使用電子錢包。

總之，就算是一點點小動作，若是能預做準備和動點腦筋，就可以加快處理的速度了。

各位不妨在生活中留心做做看。

我的意思並不是把心思用在計算的正確性，而是預先想想下一步，考慮一下待會兒該採取什麼行動。

比如說，在狹路上對向來車時，該在哪裡交會，才能讓雙方都更快速通過？

這件事的思考與否，對所花的時間會產生不小的差別。同樣的想法也反映在工作上，先思考今天的行程所花的時間，然後再想想該怎麼處理比較好。

常去的地方備好筆記型電腦的電源線

只要稍微動一下腦筋，就能減少工作所花費的時間。

我經常帶著筆記型電腦到處走。但筆記型電腦的電源線放在皮包裡很占位置，而且每到一處就要重新安置，十分麻煩。

因此，若是自己使用電腦的場所，包括外出地點也只限定在幾處，那麼不妨買幾組預備電源線，安置在各個地方即可。

這麼一來，只要把筆記型電腦拿出來，立刻可以插上電源。而且行動當中，電池的電力也夠用，可以快速的操作。

有人可能覺得，就這一點時間，沒什麼大不了的。但即使一點點時間也要節省下來，是一個很重要的觀念。

行走中不用帶著多餘的物品，身體輕鬆，行動起來也就方便許多。

兩公斤的皮包和一公斤的皮包，或許有人覺得沒太大差別，但是長距離的路走下來，它的重量就會在行動中造成妨礙。

常常放下身上的負荷，不但可以早點開始工作，跟他人見面時也不會因爲被絆住而受到干擾。想要縮短處理時間，就得動些腦筋和做些預習。

小撇步

在經常來往的地點，備好筆記型電腦的電源線。

8 搭乘電車的時間，集中腦力有效利用

沉迷電玩是時間的浪費

人腦不能同時處理多件事情。所以在混雜的人群中，想要做些什麼，都必須集中注意力才行。總而言之，不夠專心認真，就沒法做到。

相反的，在電車當中，若是能夠集中精神的話，那段時間就能做有效的運用。

在捷運或電車裡看看周圍的人，大多數人不是用手機打簡訊，就是玩著攜帶型遊戲機。每天的通勤或通學時間，就是這樣打發掉了。這些人浪費了多少時間，實在難以想像。

原本，正熱中於遊戲機的人，大腦是很集中的。但是集中腦力只是用來打發無聊時間，那可是什麼都生不出來的。對大腦，對時間，都形成了一種浪費。

我比較建議可以先決定在電車中要讀哪本書，或是把這段時間當作取得某種

資格考的研讀時間，設定一個確實的目標來使用。

就算是閱讀車廂廣告也可以

若是沒有先準備任何東西，那麼就看看車廂裡張掛的廣告吧。只不過，不要隨著自己的喜好而讀，應該將映入眼界中的所有車廂廣告，都有意識地默讀一遍。

一般人對於廣告，通常只會留意自己有興趣的部分。但如果能全部都瀏覽一遍，會從女性雜誌的廣告中吸收到「女性現在對什麼有興趣」等，跟自己工作沒有直接關係的情報資訊。這些範圍寬廣的資訊，經過一段時間之後，會發出意想不到的光芒，對工作也會產生作用。

若能意識到電車或公車中的三十分鐘，是一段寶貴的時間，你才算是終於真正瞭解時間的重要性。

小撇步

通勤電車的三十分鐘，也要有目標地使用。

9 抽菸的幾分鐘，累積起來也相當可觀

抽菸的時間是無意識的消費

許多癮君子必定都會說，「來一根」的時間是放鬆自我的重要時刻，甚至強調如果吸菸權被剝奪的話，人生就沒有樂趣等說法，來做爲自己吸菸的藉口。

但是，算算看一天一包菸所需要花費的時間，將近有三十分鐘。當然，一邊做事一邊吸菸的狀況也是有的，但是，近年來，很多職場的工作環境都不允許抽菸了。

爲了從日常生活中生產出有效可供使用的時間，像這類無意識消費掉的時間，有必要改做其他用途。

可能有人會認爲「連這麼零碎的時間都要納入管理，沒什麼意義吧？」但爲了多增加自己的時間，這種零碎時間也必須斤斤計較。

今天，又前進了一小步

請各位回顧一下自己的生活。昨天和今天有什麼不同之處呢？

想想看，自己是否老是反覆地做著同一件事呢？

今天，是否有種「又前進一小步」的感覺呢？

如果連自己沒有變化都察覺不到，那你可能陷入更危險的狀況。

若是能具有這種觀點，那麼或許你會重新看待「抽菸」時間的意義呢。

小撇步

把抽菸的時間想成「浪費」的時間。

10 暢銷書裡的資訊價值小，尋找原創的資訊

尋找原創的資訊

各位可能覺得，和大家一起做同一件事，是一種有效運用時間的方法。比如說，讀了暢銷書，就感覺獲得這一季最新的情報。買書來讀又不花力氣，應該算是善用時間了吧。

但是，暢銷書在社會上早已有了固定的評價。它本身已經不算新鮮了。就算沒有實際讀過，但只要看看書評或其他人的感想，就能想像它的內容，也能產生觀點。

而且，第一，買了暢銷書來讀，也只是與大家走同樣的方向。

還不如在書店找一些非暢銷的書，雖然比較花時間，但最後會獲得另一種新資訊，也可以理解別人所不知道的知識。從長遠來看，這才是節省時間的方法。

資訊不只需要快速，它的原創性也很重要。

若不努力走向不同於別人的方向，那麼不論經過多久，都只會跑在別人後面，永遠無法追趕過去。

小撇步

用閱讀暢銷書的時間，讀些別的書吧。

第四章
成功人士的時間術

1 上天賜予的時間有限，凝聚注意力最重要

上天賜予萬民的事物當中，只有時間是公平的

金錢和能力，人人擁有的各不相同。全體人類同樣擁有的就是「時間」。每個人不管遇到什麼狀況，只有時間，都在同樣的流逝。今日的社會中，或許可以說它是唯一被平等賦予的東西。

但是說到它的運用方法，那可就又有很大的差別了。說「沒時間」的人，永遠都沒時間；相反的，心想著工作快點做完的人，工作起來就十分從容。

以我自己來說，表面上看起來可能也非常忙碌，所以常常有人問我：「你什麼時間睡覺？」

但是，我自己卻幾乎不曾感覺到忙碌，而且也並不是經常都在工作。我想，可能是我白費的時間比別人少一點吧。

我不喝酒，不抽菸，不打高爾夫，也不太把時間花在陪伴他人上，這可能也是一大因素。

此外，注意力的集中程度也與其他人有很大的差別。

工作能力很強的人，會一口氣把工作完成，即使在進程中遭遇困難，他們也會努力克服，完成必要的任務。

不管什麼工作，幾乎都不可能在時間寬裕的狀態下完成。

所有的人都是在緊迫匆忙之間下進行工作。因此，不論如何也必須凝聚注意力，戰到最後一秒。

一旦放棄，所有的時間都白費了

沒有能力的人，會在最後一秒以「撐不下去了」爲理由而放棄。但是，一旦放棄，之前所經歷的種種辛苦，也全都付諸流水了。

自己的努力到底是白費，還是有效，全繫於最後努力的時間。

是否能準時完成，意即截止時間前完成工作，這就成了是否有效運用時間的分岔點。

我成爲作家之後，也曾經爲了趕截稿日而緊張。在寫小說的那段期間，印象中最高紀錄是，曾經一天十五小時不眠不休地，趕出六十張四百字的稿紙。

被逼到絕境時，用另一個角度想，也是測試自己可以專心、集中注意力到什麼地步，最終極的能力在哪裡的時候。

小撇步　**把戰到最後一秒的集中力發揮出來吧。**

2 從眼前的事開始整理，頭腦才有思考的餘裕

工作即刻處理，不堆積

面對工作時，處理的方法有兩種。一種是現在能做的馬上做好，另一種則是還不是很急，於是先擱著不管。

但是擱著不做的方法，慢慢地就會累積起來，形成壓力。

長期性的工作，當然時間延後一點再處理也不會有問題。但是若有一份二天後必須收尾的工作，如果採取今天先不做的態度，就會發現「兩天後」其實轉眼即到。

以我來說，不管什麼事我都會盡早提前完成。像是稿子的校對，也是當場做完。深夜才收到校對用的版稿，我也會立時開始修正。

雖然對方對我的快速很驚訝，但只要養成把現在的工作優先即時處理的習慣，就不會覺得辛苦了。

傳眞也是一樣，別處來的工作委託或稿件修潤，我一定盡可能在看到的當下回信。

有一次，送信人以爲我不會這麼早有回音，所以根本沒注意到我的回信，等了一星期之後，才又聯絡我說：「請問您看了信沒有？」

盡快的快速對應工作，事情就不太會堆積起來了。

頭腦沒有喘息空間，無法思考後續的事

此外，現下的工作馬上做完，就能有多餘的時間思考未來的事。也就是說，有了完全空白的時間，不但可以思考未來，對自己做事的方向，也能進行全盤的思考。

現在能做的事馬上處理，並不只是因爲早點完成比較輕鬆，而且大腦也不會累積期限所造成的壓力。

大腦不擅長一心兩用，若有什麼事一直掛在心頭，就無法思考新的事情。思考眼前的事都已殫精竭慮了，就像在計算時無法聽音樂一般，同時處理兩件事實在非常困難。

正因爲如此，工作更需要快速做出結論。它會幫大腦取得一個舒緩的機會，有了喘息空間，就能開始思考未來的事了。

小撇步

現在能做的事馬上處理吧。

3 掌控時間，首先要掌握自己的處理能力

瞭解自己的能力，就能有餘裕

如果自己不能判斷現在眼前的工作進行到什麼階段，就無法思考到下一個工作之前，還需要多少時間。

瞭解自己的能力，在自己對時間的掌控上，具有非常重大的意義。以我來說，只要有一個鐘頭，我就能寫八張四百字的稿紙。這是長年寫作所培養出來的自信。所以，我心中自有把尺，可以確實掌握住「在某時之前要寫多少張稿紙，才能趕上交稿的期限」。

我曾經因爲要參加巡航旅行進行採訪，在出發六小時前，完成三份連載的稿子，然後眞的是在最後一分鐘趕上飛機。

即使如此，我也不會感到焦慮。因爲我心裡知道多少小時可以寫多少頁。也就是說，就算在如何窮追猛趕的狀態下，我也能不受時間影響，按著自己的步調

前進。

客觀評估自己工作的速度

「這件工作需要花多少時間呢？」通常被問到這種問題時，回答「做做看才知道」的口吻，在專業人士來說是行不通的。

一個專業的人，必須十分理解自己的能力，也應該知道自己工作的速度。

同時，對於一個小時能完成多少工作，也必須做相當嚴格的評估。

事務性質的工作，則只要依自己的習慣，決定工作量的目標即可。

完成一張A4紙文件所需要的時間、用電話溝通的時間，會見客戶商議的時間、用電腦製作簡報資料的時間等，都應該根據自己的經驗值，實實在在地轉化成數字，記在腦子裡。

高估自己的評價，是沒有意義的。

盲目地對事情樂觀，自以爲「不過這一點點，一定能完成」，而安排了不可能的行程，便得面對所有事都得延遲的結果。

自己的工作一定要盡量客觀而嚴格的評估。

小撇步

試著客觀地掌握自己的處理能力。

4 逼迫自己，提高大腦的活性

「會想辦法做到」的回答

遇到別人請託時，有人不由分說地就是一句「辦不到！」，沒有時間、沒有錢，自己能力不足等等，都是拒絕的理由。但是，面對挑戰連試都不試，立刻決定自己「辦不到」，其實是時間的浪費

我認爲應該先接下別人的請託，答覆以「會想辦法做到」，然後再努力試試。至於做得到做不到，之後再決定即可。一開始先回應「我做做看」，不要立即否定自己的可能性，是一大重點。

尤其是「沒有時間所以做不到」這種話，千萬不要掛在嘴上。

不管什麼樣的人，都不可能從容不迫地把工作做到完美無缺。任何人都是在與時間的賽跑中完成工作。

拒絕別人，不但關閉了自己的潛力，也失去了伸展能力的機會。

我會想辦法做到！
事情就交給我吧！

爲要提升自己的能力，「如何逼迫自己」是一個重點。即使明知不可爲，但一旦開口說「去做」，就會盡可能地爲實現它而努力，而最後便能發想出意想不到的事。

把自己逼到絕對不可爲的境地，會促使體內分泌腎上腺素，而增加腦部血液流通，提高大腦的活性。

然後，我們就會發現自己眞正的潛能。

我們平常並不是用百分之百的能力在做事。這點和肌力相同。平時開門或關門時，我們不會用到全副力氣吧，因爲不需要那麼大的力氣，身體並不會「動力全開」。這是爲了遇到萬一緊急的狀況而預作準備，以便到時能發揮身體的全部能量快速奔跑。

工作的能力也是相同的。只有在種種壓力的逼迫下，大腦的眞正能力才會發揮出來。

遇到任何事，不要先拒絕，挑戰一下又何妨？

小撇步 接到請託時，姑且先接受，之後再慢慢考慮。

5 依自己步調決定工作時間，才能自在的工作

沒有時間的人為什麼一直沒時間？

我一個舊識，是個看上去永遠很忙的醫師。每天被看診追著跑，的確忙得不可開交。但是，他在公事之外的宴會場合，或是休假的日子，也總是把一句「好忙好忙，沒時間」掛在嘴上。

我平時也寫部落格，因此，看到我日常生活的人，會覺得我似乎天天都很忙。但是，事實上，我發現有些日子一點事也沒有，甚至還有很多時候閒得發慌。

總之，對於時間的感覺，人人不同。而且運用的方法也會讓感覺天差地別。

把一天中工作的時間區隔開來

工作上不設定時間限制，把從早上七點到夜裡十一點都當作勞動時間的話，

最後它就會眞的成爲自己的「工作時間」，不管效率是好是壞，都會造成所有時間都在忙、都在工作。

但是，如果區隔出早上九點到下午五點工作，其他時間不做公事，這樣的時間運用法，就不會覺得老是很忙了

換言之，如果沒有on／off的切換，就會經常性地感到忙碌。Off的時間也帶入工作，腦袋裡永遠擺脫不掉工作，自然會覺得「忙」。

以人腦的專注力來看，那麼長時間的工作也是做不到的。

然而，若是不在乎效率，而把自己的工作時間拖得太長，那麼就會「一整天，一直很忙」。

我的工作就是寫稿，一天專心三小時的話，最少可以寫二十張左右的稿子，一天有那樣的工作量就夠了。

稿子寫兩個小時就會昏昏欲睡，於是會去睡一小時。起來後再寫兩小時，然後又去睡……有時是以這樣的節奏工作；有時候也會規定自己幾點以前寫幾頁，然後一口氣寫完。

總而言之，就是有意識地把控制時間的主權交給自己。工作時間不是由截止

日期決定，而是按自己的步調來進行。有時看看電視，有時讀讀雜誌，自己調整寫稿的時間，自己掌控時間。

在不超出能力的範圍下決定自己的工作時間，便是自在工作的竅門。

小撇步

在不超出能力的範圍內，決定一天的工作時間。

6 業務員要把時間用在理解產品的經驗上

滿腦子只有知識的業務員，缺乏說服力

在一般的生活中，我們常會想著自己的時薪是多少，不時把時間換算成金錢看看。但是，世上有些東西光靠時間和金錢是換不來的，這一點有必要實際的體會和感受。

我們就來看看MR（醫藥行銷人員）的例子吧。製藥公司對MR人員的訓練，只限於販賣自家藥品的知識。他們研修了數星期，學到的只是自家藥品與其他家產品有什麼不同，或是有什麼好處。

不論哪一家藥商，MR都相信在研修中所被灌輸的知識是正義的，也是絕對正確的。

但是，當他們實際去向開業醫生推銷的時候，儘管再怎麼努力的說明自家藥品的優點，開業醫生還是會在臨床經驗上使用其他的藥品。因此，有些時候他們

會感到自尊心受傷，別說業務上必須爭取共鳴了，有時反而還造成別人的反感。

業務員重視人性

開業醫生選擇某種藥的理由，其實並不只是因爲醫學上的事實或知識，他們有時也是依憑和ＭＲ的人際關係而選擇的。

比如說，一個ＭＲ去當義工，在養護機構有過幾星期的工作經驗會有什麼幫助呢？他們接觸到病人爲病痛所苦的眞實樣貌，經由這種經驗，他們對自己工作的使命感和意見應該會有所不同。

有過這類經驗的ＭＲ，現在我還沒見過，但是如果他們能做到這個地步，醫師自然也會對那位ＭＲ釋出善意。

自家藥品一定好，業務員只抱持這樣的概念和知識，其說服力還是太薄弱。但是，該種藥在臨床要怎麼使用，它對病人會有什麼樣的影響？如果這些知識都能具備的話，這位ＭＲ無疑地能獲得醫師全部的信賴。

總之，業務員本身的誠信會說明一切。

業務員不只是賣商品，瞭解自己的商品是賣給誰、怎麼使用，也顯示他對工作有著完全不同的意識。

擁有感動人心的小故事

在這層意義上，也不妨將時間用在實際的體驗上。打動人心的記憶最爲深刻，如果在你身上曾發生過一段感動人心的小故事，光是這點，就可幫助你成爲一個成功的業務員了。

表面的知識是不能打動人心的。

爲了取得經驗來理解自己負責的商品，不管花再多的時間，都絕不會是浪費的。

小撇步

把時間用在多方面的瞭解商品上。

7 週休二日的運用方式是成功的關鍵

拋開週休二日是假期的感覺

年紀輕輕的，卻處於「週休二日完全off」狀態的話，那可說是相當危險。甚至我敢說，在四十歲以前，過著沒有週休二日的生活，才是將來成功的基礎。

不過，我的意思並不是把做不完的工作帶回家做。把工作帶回家，只表示沒有對工作盡全力罷了。

應該把週休二日用在與自己工作結合的事情上。

從事設計工作，就去美術館；從事音樂工作，就去聽聽和自己專業完全不同的音樂。我所要說的是這種態度。

像出版社的編輯，也逐漸少有人像從前那樣，具備充分的教養和感性。像負責我的書的編輯，到了週休二日就會去看舞台劇、聽歌劇，廣闊地努力培養各式各樣的教養。

當然他本人並不覺得自己在努力吧，但一到週末就去和小白球有約，這樣的生活應該很難培養新觀點。

週休二日的運用方法，會擴展工作的視野。

雖然我們也需要過一點空閒輕鬆的日子，但不斷向大腦輸入新體驗，也是在工作產生靈感的好方法。靈感是從記憶和體驗的累積中產生出來的。這一點千萬不能忘記。

我搭船出海旅行，當然也意味著脫離寫稿的日常工作。但那還是因為旅行中一定會有新鮮刺激的體驗在等著我。

常有人對我說：「眞羨慕你啊，可以去豪華的船旅。」但我並不是爲了這種感覺而去搭船的。而是想要追求新奇的事物，才會去旅行的。

小撇步

週休二日運用在工作視野的擴大上。

8 任何工作都不可能完美無缺，要有勇氣「放手」

期限和品質的平衡很重要

因為時間不夠，所以做得不夠好。我們常有這種感嘆。「如果再給我多一點時間就好了」——我在寫書的時候，也總是處於與時間對抗的心情。

當然，若能經過百次千次的反覆推敲，一定會成為一本傑出的作品吧。

但是不管是哪一本書，都不可能完美無缺，若不在某時決定「到此為止」，那麼它永遠無法順利出版成為一本書。

總之，做任何事都必須能提起勇氣在某個時機放手。

視工作內容運用「堅持」

在時間緊迫盯人之下，有人會更加努力奮戰到最後一秒，但也有人會在某種程度妥協，結束工作。

我們不時聽聞某些藝術作品或好萊塢電影的製作，因爲不妥協地堅持到底，結果預算或時間出現超過限制的情形。

若是不做到那種地步，或許就創作不出感動許多人的偉大作品。但是，一般性質的工作卻會被人批評「毛病老是不改」，或是「那個不守時的傢伙最差勁了」。

所以，還是必須學會找到「放手」的能力和勇氣。

當然，若是因此被人抱怨品質太低或工作馬虎也是不行的。必須視工作內容來決定自己要堅持到什麼程度。分辨方法的運用乃是聰明人的做法。

小撇步

別忘了工作最重要的就是嚴守期限。

9 適時放手，才是節約時間

任何時候的任何事，都不可能進臻完美

完美主義偶爾也是一種時間的浪費。

不管什麼事，都不能經常做到百分之百。就如同前一頁所述，具備「放手」的勇氣，也會達到節省時間的目的。

一旦堅持某個想法，爲了遂行其堅持而熬夜，或者熬了夜仍然做不完而超過期限……之類的狀況都有可能。在「一定要完成」的層面上，有時也有其重要的意義，但是不懂的事就是不懂，做不到的事就是做不到，必須有勇氣停止繼續鑽牛角尖。

人的能力是有限度的，每個人也有自己的個性，不可能把一切都做到盡善盡美。更何況在時間不多的情況下，在某處做一個切割也是不容忽視的。

「努力的快感」是危險的

最危險的情況是，努力投入會產生快感的狀況。「自己竟能做到這種地步」，這種自我滿足就會讓自己不顧一切地硬撐下去。而結果卻是白費工夫。

這是因爲公司追求的不是「過程」而是「結果」。雖然人家說努力的態度十分要緊，但結果更是重要。品質也可以算是一種結果。在藝術的世界，品質被視爲最重要的要素。而在商業界，「遵守期限」則是比什麼都重要。

看到自己努力的樣子而得到快感，未必能使時間做有效的運用，也並不會幫你走向成功者之路。

小撇步

視事情的狀況臨機應變，適時切割放手也很重要。

領悟放手也是節約時間的方法。

10 考慮未來可能變化，再訂立計畫

洞燭機先與目光短淺不同

行動計畫或行程是否能執行完全，能力倒還其次，性格所造成的影響比較大。

也就是說，有的人會考慮到未來自己狀況發生變化的可能性，然後訂立計畫，也有人按著現下狀況來訂立計畫。

預視到未來可能忙碌的狀況，因而將行程安排得略爲寬鬆是最爲妥當的。然而有人把事情看得太簡單，以爲一切就如眼前所料，而不斷加入行程，最後就會愈來愈忙，以至於整個計畫都亂了。

「洞燭機先」和「目光短淺」的說法就是用來形容這兩種狀況吧。

因此必須瞭解自己是哪種類型，再訂立行動，也應該稍稍判斷一下最近未來的情況才好。

培養洞燭機先的能力

這種洞燭機先的能力可以靠訓練來培養。它並非一朝一夕就能夠成功，只有從經驗中學習，沒有別的辦法。比如說，本星期內一定要完成的事，卻經常因爲半途突然插進來的某件工作，導致前一件事沒法做完。

但是，如果經常有半途事情插入的經驗，在訂立計畫前，心裡就要先做準備：「雖然很想早一點完成，但是說不定有可能會延到下星期，那種情況下要怎麼辦？」

這裡舉一個可能有點怪的例子。跟女友訂好了約會的日子，但突然她來電說身體不舒服。若是有過這種經驗的話，敲定約會前先想到這種可能性，就可以臨機應變了。

若是能先預設到預定計畫會變更的可能性而臨機應變的話，那你便已算是時間管理的達人了。

小撇步　考慮到預定計畫變更的可能性，經常修正。

11 借助他人之力，是高明的節省時間法

把別人的時間分一點給自己

時間是用錢買得到的。自己不做，請別人幫我們去做，就可以賺到自己的時間。

把院子裡的園藝委託給專業園丁，那段時間就可以當作自己的來運用。說到工作，如何指派部屬工作也具有重大的意義。事實上，有能力的人會在某種程度上把工作委任給部屬。從事寫作的人，有時候並不是所有文字都由自己執筆，也會採用委託寫手幫忙撰寫、校正的方法。

工作或創作上，最要緊的是概念和架構的部分。如果想完成多項工作，就必須學習委託給別人，自己當個主控者。

任何事都親力親爲，做到最後一步的人，很難製造出多餘的時間，結果只會忙得團團轉。

這麼一來就會陷入惡性循環。明明沒有時間，卻把全部的事都攬在自己身上，時間自然愈來愈少了。

借助多人之力，成就大事

把事情委託給別人，或是擁有一個能力強的部下，也是一種很高明的節省時間法。

在法國南部，有個郵差自己胼手胝足地建了一棟宏偉的房子，把它命名爲「理想宮」（編按：共計花了三十三年時間才完成。）。一個人的家倒還沒問題，但是像高第的「聖家堂」那樣，一個人傾其一生也無法完成的大型建築，就得花費數個世代人們的時間和力量才能創造出來。

任何事都想靠自己完成是很好，但也應該在心裡提醒自己，自己的能力是有限的。

小撇步

磨練委託別人進行、自己主控的能力。

12 對第一次來電聯絡的人，務必記下聯絡方式

別相信對方說的「我會再來電」

接到電話時，一定要先確認對方的姓名、電話號碼和公司名稱。「對方沒報上姓名，所以我沒記。但他說他會再打來。」曾經看過桌上貼著這種留言，但結果經常就這麼一去不回，再也沒接到電話。

當然，或許對方的事情已經找到別的方法解決了。但如果自己可以回電的話，可能就成就了一件工作。

這種企圖心是絕對不可缺少的。爲了不錯失機會，對方的電話號碼一定要記下，若是手機上顯示來電號碼，一定要立刻把它記錄在通訊錄上。對方的電話號碼是自己一項非常重要的資料。

機會來自於小小努力

對於留守代接電話的人，我會指示他們一定要問出上述訊息，即使對方表示「他知道我的電話號碼。」也是一樣。就算問東問西顯得失禮，但與其斷了聯絡、處於混沌的狀態，還不如開門見山地問清楚更好。

而且，就算對方表示「會再聯絡」的場合，也需考慮到自己在某些狀況下，有主動聯絡的需要。若是到了那種時候，再來找電話就太浪費時間了。

機會有時候就是在意料之外時到來的。好好掌握每次小機會，從來不錯失的話，這種努力便會帶來難以料想的商機。

小撇步 **接到電話，一定要記下對方姓名、電話號碼和公司名稱。**

第五章

高效率時間的交際法

1 積極出席各種場合，增加未來機會

不要嫌交際派對太麻煩

有人可能覺得爲了應酬出席派對或宴席是一件浪費時間的事。事實上，某位有名的社長曾經說他對於這種應酬一律不出席。

但是，那應該是自己已經到達某種地位，處於不需要跟人應酬也能完成工作的階級，才會這麼說吧。

如果年輕人依樣畫葫蘆，也學會這種架式的話，那可就有些危險了。

我認爲應該盡量安排與人認識的時間，再多都沒關係。就算得花錢去參加，也應該製造這種機會。

當然，我說的並不是單純的酒肉朋友，而是手上掌握的資訊比自己更多的人，或是其他業界的人等，而且應該試著多與別人直接會面。那段時間絕對不會浪費。

我在寫小說的時候，曾經出席出版社的派對，因而被介紹認識了許多編輯。因此，也獲得了出版新書的機會。

難得現在已經不用參與出版社的業務了，但是在工作上相關人員的派對，我還是會參加。

另外，像異業人員的交流會，也要盡量去露露臉。

不要關在自己的象牙塔中，常常瞭解外面世界的廣闊，觀點就會截然改變。

此外，不要以該活動與工作的關係深淺，來衡量是否出席，因爲自己也在逐漸變化，與往日完全不相干的業種接觸是非常重要的。

雖然少有人能憑著對自己未來的預測，來決定現在的行動，但應該要領悟到自己將會有所變化。

作家生涯來自偶然

生活一成不變的自己，卻要預測自己未來的改變，是一件相當不容易的事。

但是，與許多人認識之後，連工作都跟著改變的例子，我自己就有親身經驗。

我之所以有了寫小說的機會，是因爲一位擔任開業醫生的好友，在醫院的候診室擺滿了我的書。某位出版社的老板看到後跟我聯絡，表示他希望我能出一本醫療小說。

在那家出版社出了小說後，大型的文藝出版社紛紛提出要我幫他們寫小說的邀請，一下子幫我打開了作家之路。

後來，爲了寫小說，我搭上大型客船，和客船業有了聯繫，電視台也開始邀請我上節目。

這些環節若缺了其中任何一項，我都不會成爲現在的我。

看起來其實非常小的偶然和邂逅，改變了我的人生方向。

這世上不存在跟自己沒有關係的人。

因此，不管什麼樣的應酬，都應該珍惜，也應該把時間用在認識新朋友上。

小撇步

把時間用在與許多人會面上。

2 把時間用在別人身上，以建立人脈

挪出自己的時間，對方會感受到你的誠意

所謂善於運用時間，並不只是意味著不論什麼事都要擠出時間，或是快點把一件工作做完，接著做下一件。

視狀況把時間用在別人身上，藉此來表現對對方的誠意，說不定有機會幫你搭橋得到新的工作。

M小姐是長時間以來，一直幫我很大忙的編輯，每次她編書時配合的插畫家舉行個展的時候，她一定利用自己的休假日去參觀。許多人會趁著工作之便前往，而她卻特別把私人的時間挪出來參加，看在對方的眼中自然是十分高興。

別人的婚禮也是一樣。不管再怎麼忙碌，只要能出席結婚典禮，對方一定會留下深刻的印象。一個大忙人居然能親自到場，對方心裡的喜悅必定超過你的想像。

這種行爲，用另一種說法，就是把時間借給對方。我這麼說，各位可能會覺得未免心機太深了。但我認爲借出去的時間，肯定會再加倍地收回來。

做什麼事都看自己方便，人脈建立不起來

經常以自我爲中心，做事永遠優先想到自己的人，一旦有了萬一時，人脈是不會出現的。

我們應該反過來想想，當有人爲我們的事花下時間時，我們是否會感受到對方的誠意呢？所以，把自己的時間花在對方身上，將來自然有可能收得回更加倍的時間了。

小撇步

「就是現在！」提醒自己把時間用在別人身上。

3 必須取消約會時，首重誠意的表現

別再拿「我有急事」當藉口

和某人約定見面的日子，身邊卻突然走不開，代表著這件事比某人還重要的意思。

所以，若是要用「突然有工作進來，不能去了」的方式，取消與對方的約會，就等於對他說：「現在有件事比你還重要。」這種話是會傷人自尊的。

至少，以後別再拿「因爲有急事所以到不了」來當藉口比較好。

不妨換個方式說：「我忘了還有別的約會。」用之前約定的事來拒絕，比較不會給別人惡劣的印象。

你如果開過派對，或當過某會的幹事，就知道人數的調整是多麼麻煩的事。別人隨便放個鴿子，不僅主辦單位要大傷腦筋，放鴿子的人也會失去信用。

舉辦派對的人雖然通常都會說「歡迎自由出席」，但實際上，他們卻是卯足了精神在準備。此外，每次說「會出席」最後卻放鴿子的人，大致都是固定的幾個人。

這些人應該都是到了最後關頭，才因爲以自己的事優先，而臨時取消吧。

遵守時間有時候也意味著要稍作犧牲。如果做不到，就無法得到對方的信任。

當你認眞地把時間挪出來時，以對方的角度來看，會超乎想像的高興。切實遵守與人約定的時間是多麼重要，只要在自己有急事時就會知道。

放鴿子的時候別忘了持續關心

如果，眞的遇到無論如何都必須變更約會時，應立刻約定下次見面的日子。這是至少向對方表達誠意的方法。

派對等活動無論如何都無法參加時，可以致贈祝賀花籃或是卡片等，想個辦法表達心意。

卡片上寫著「今天是我老婆的生日」之類打動人心的話語，相信對方也會體諒的。

自己因爲有事而必須臨時取消時，千萬別露出一副「這也沒什麼大不了的」的口氣，那樣是非常大的扣分。應該竭力避免。

小撇步

放鴿子的時候，試著說：「一時忘了之前已經有約了。」

4 嚴守與人約定的時間，以博取信賴

遵守時間是誠意的表現

要向對方傳達自己的誠意，第一步就是遵守時間。不管做什麼業務，準時前往，就是博得對方信任的基礎。

比約定時間早五分鐘到達，可能打擾到對方前一個會議而顯得失禮。所以拜訪時，比約定時間早到，不妨在附近消磨一下時間。當然，這正是讀書、收集資訊的好時機。

此外，若是約在飯店的大廳相見，最遲也要在十分鐘前到達，製造迎接對方的情境。因爲即使準時到達，但對於在上位的人來說，比自己晚到也會形成不好的印象。

確認電子郵件
約定地點地圖
到達所需時間
公車00分
電車00分
OK
OK
OK

雖然只不過差個五、十分鐘，卻不可掉以輕心。若是不小心讓對方發覺你的想法是「稍微晚一點也無所謂」的話，那對你的信賴可會一落千丈了。

先在地圖上查好約定地點的位置

遵守時間，這是時間掌控達人的基本原則。

因此，約會前對於從車站到約定地點，自己的腳程大約幾分鐘，搭計程車的話又需要多久，每週這一天道路的壅塞狀況如何等，都必須先確實掌控才行。

進而，有不少人覺得反正大略知道怎麼去，所以不用查地圖了。不過即使如此，也應該在事前再三確認，約會地點在該地的幾樓，或是哪個場所。

如果有可能，最好能在前一天發一封「明天請多指教」的電子郵件，向對方作出確認。

如果對方眞是大忙人，那麼確認再多次也不嫌多。

小撇步

確實查好約定地點，在對方之前到達。

5 不依賴電子郵件和手機，也是節約時間的良方

工作有時就從應酬中產生

電子郵件、傳眞、手機……通訊方式愈來愈多，有時候不用和別人會面，就能把工作順利完成。

然而，當下把工作結束後，雖然手邊的事情是告一段落了，但更重要的是，接下來的新工作卻不會自動降臨。

我從事寫作這一行，不少合作的編輯每當新書出版時，都會用宅配把書送到我家裡。但是，有一位我很尊敬的編輯，每次新書出版時，他一定是親自把書送到我手上，共同感受工作完成的喜悅。

趁著他到訪的這段時間，我們也會商量對下次作品的想法，以及銷售的方向。

如果沒有見面就結束工作的話，就無法共享作品完成後的感動片刻了。

工作並不是完成了就好，如何接續到下一份工作也是十分要緊的。因此，擁有一段交誼時間也是有效率的做法。

與人相聚的意義

再怎麼說，如果想到它只是個送貨或收貨的行爲，那麼人們多半會覺得直接親送太浪費時間。但是，藉由實際會面，還可以交換更多訊息，最後促進了事務的進展，時間根本一點也沒浪費。

可能有人會覺得，這是「節約時間」的逆向思考。但與別人會晤，其意義眞的超出想像。而且也隱藏著意料之外的發展可能。積極地與別人見面，就結果而言，也是一種有意義的時間運用方式。

小撇步

偶爾實際見見面也很重要。

6 配合不合理的時限要求，爭取信任

成功者會在短時間內完成不合理的要求，得到信任

「遵守時間」這個信條，具有非常重大的意義。因爲它是獲取對方信任的最好方法。工作上的客戶追求的並不是你的藉口或努力，不管再怎麼樣，他們要的只是結果。

什麼光鮮體面都不重要，能不能切實地交出結果來，決定一切。父母或是好友或許會認同你的努力，但是，工作不是從努力的多寡來評價的，而是從是否達成任務來決定。

我認爲很多年輕人都還不懂這個觀念。就算腦袋裡懂了，但是一旦事情落在自己頭上，還是會找藉口搪塞。

不再多作一點努力，不再多勉強自己一點的話，是很難在期限內把工作順利完成的。

作不合理要求的人會自覺理虧

因此，對方突然提出像是今天內或本週內一定要完成某事的無理要求時，那可以說是一個非常大的機會。因爲一旦提出這請求時，人的心理會產生「給對方造成麻煩，下次一定要向他致謝」的意識。換句話說，就是製造了一個借時間給別人的機會，這對自己的未來是十分有利的。

當然，常常火燒眉毛之際才叫人趕工，卻毫不在乎的大有人在。但是大多數人對於自己的不合理，多少還是會感到理虧。因此，他會在某些地方作些讓步，或者做些補償。

也因此，面對別人不合理的要求，硬著頭皮接下來的話，對後續的工作也會產生很大的影響。

當別人提出不合理的要求時，也就是硬著頭皮努力的時候。

小撇步

無理要求是機會；極力配合賺人情。

7 製造意外相遇的機會，留下深刻印象

如何成為讓人「難以忘懷的對象」？

在想像不到的地方，遇到想像不到的人，一定會留下深刻的印象。

我曾經去某飯店商議事情時，走到大廳卻遇到人應該在國外的某位朋友。當下非常驚訝，其實他只是因為中止了海外出差的行程而已，但因爲這完全在我料想之外，所以備感驚訝。

人腦會在某個程度內設定活動範圍內應該會遇到的人。所以，如果在不相干的時間或地點，遇到完全想像不到的人時，剎那間還眞會認不出來。

在意外的場所遇到意外的人。製造這種驚奇，就會成爲難以忘懷的對象、難以忘懷的插曲。

假裝巧合接近對方

尤其，如果你從事的是業務性質的工作，給對方深刻印象就變得非常有利。簡言之，就是導演一場製造出來的偶然。這會非常有幫助的。

就算不做到這種地步，只要在平時都是上午前往的地方改成傍晚去露臉，也會令對方大感意外的。

以爲是偶然的相遇，其實都是計算好的意外性演出呢。

小撇步

假裝偶然，製造與對方相遇的機會。

第六章

乍看白費的時間，其實也有用

1 利用空白時間增加緊張感，以發揮全力衝刺的能力

別輕忽了可放鬆的時間

保持緊張感可以提高自己的能力。因爲腎上腺素的分泌會使腦功能變好，使之發揮全力衝刺的能力。

不過，人腦不能經常處於全力衝刺的狀態。再怎麼樣都要有緩急之別。一定要有類似助跑的工具，才會出現將能力發揮到百分之百的時間。

爲達到這種效果，其實最好能有一段什麼事都不做，東混西混的時間。

我在寫稿的時候，寫得順的時候可以達到一小時寫八張稿紙的速度。但在達到這種馬力全開的速度之前，我會有一段空白的時光。

呆呆地看著電視，讀雜誌，或是上網瀏覽五花八門的網站，什麼都不思考，只是讓時間白白流過。

但是這段時間也是爲了催趕自己用的。

由於非常清楚自己幾小時內可以寫多少稿子，所以我會等到時間急到不能再急的時候，在充滿緊張感的狀態下再開始工作。

每天持續性的寫稿當然也不是不好，但實際上人性就是這樣，不太能平均性地進行工作。

毋寧說，把或強或弱的節奏運用在工作上，對效率會有很大幫忙。

因此爲了提高緊張感，應該在之前決定好讓自己放鬆的方法。

比如說，租DVD來看部電影，或是讀書，又或是找個咖啡廳坐下來凝視窗外，總之，你可以決定任何一種屬於自己的儀式。

工作進展不順利，只是坐在書案前發呆，是一種效率極差的時間運用法。一旦養成這種習慣，也無法再提高緊張感，結果也就無法發揮自己的能力了。

小撇步

尋找一個屬於自己的放鬆習慣吧。

2 好點子總是在什麼都不做的瞬間浮現

在會議上靈感不會浮現

在會議上總是想不出好點子。所有在場的人都處在同一個思考回路中，做不出什麼突破之舉。

靈感會受環境、場所、時間等諸多因素的影響。

什麼點子都想不出來，卻還一直關在會議室裡，或是面對著書桌空想個幾小時，根本就是浪費時間。

但是腦袋一旦放鬆的時候，點子就會浮現出來了。自覺空下來可以休息的時候，就會想到意外的事情。

我每每想出好點子之前，心中都會有預感。

那一瞬間會覺得「好像有什麼想法快出來了」。不管是新書的企畫案，還是全新的商品創意，都是如此。

與人會面的時候，有時也會突然想到什麼，但是說起來都不及什麼事都不做時靈感來得多。

休假也是動腦的重要時刻

說起來，其實無所事事的發呆時間，或是週末假日的休息，也是動腦的重要時段。或許打小鋼珠的時候，冒出了新點子；也可能在院子裡做園藝時，浮出好靈感。

平時就練習不受限於時間或場所地運用大腦自由發想，靈感就會自然在瞬間降臨的。

小撇步

時時把念頭擺在心裡，好點子就會向你走近。

3 下班後也要常常尋找工作的資源

只有在公餘時間，才容易自由的發想

有人把上下班時間區分得很清楚，但這種方法才正是時間的浪費。因為反而是在公餘閒暇的時候，遇到工作資源的機率高得多。

上班以外的時間，還能把天線打開，去尋找自己工作上解決問題的引子，這種態度會令大腦變得更具活性。

可能有人覺得下班之後就不想再去想工作的事了，但一旦從工作中解脫開來，大腦的觀點也會變得與平時不同，這時最容易做自由的發想。

在旅行地冒出的問題變成一本書

我乘坐遊覽船到法國，在梵谷去世的村子，看到他畫的畫。當時心中油然產生了一個很單純的問題：「為什麼一個生前沒沒無聞的畫家，會突然成為世界知名的畫家呢？」

回到日本，我查了有關梵谷的資料，瞭解了他生平的種種。原來，他的畫經過相當的製作，才開始變得有價值。

在法國看到梵谷的畫時，根本不會想到一幅畫的背景有這麼多可瞭解的。

於是因著梵谷這個機會，我寫了一本書。在公餘時間發現的疑問，又爲我開了一扇工作之門。

小撇步

別忘記，生意的商機在什麼地方都可能出現。

4 飯後收拾和打掃是醒腦的時間

集中精神一段時間之後，讓大腦換個部位使用

可能不少男性朋友會覺得，用餐後的收拾和打掃最是浪費時間。甚至有人從來不動手幫忙，覺得那是太太應該做的事。

當然，爲了讓事情更快做完，而願意主動在飯後幫忙太太，夫妻倆一起合作的也大有人在。

但是做家事的效用並不只於此而已。

餐後的收拾不但是個腦袋休息的時刻，也可以調整一下心情。

寫稿或是進行事務性工作後，做做與作業內容完全無關的煮飯或是洗碗，會讓大腦的其他部位開始工作。

集中注意力在某件事之後，大腦換個使用位置的話，從讓腦休息、更廣泛地運用大腦的意義上來說，這個動作是非常有效率的。

老公，謝謝你。

據說，愛因斯坦在長時間動腦之後，會演奏小提琴。同樣的，洗碗或打掃，用與工作不同的另一個腦，反而可以提升效果。

不要把家事定義在「被迫幫忙」這樣否定的想法上，不妨自己帶著主動的意識去做做看。

小撇步

家事或打掃都是大腦的心情轉換。積極地去做做看吧。

5 休個完整假期，徹底刺激大腦

休假時什麼事都不做，是浪費大腦

在現今日本的公司裡工作，難得有機會休長假。但是，一星期左右的假期，像是暑休或是年末年初之際，應該再怎麼都能請得到假吧。

放大假的時候，在家裡滾來滾去地瞎混時間是一種方法，但是有這麼一段完整的時間，應該拿來用在新的體驗上。

「休養」這個想法，應該拋到腦後去。讓腦完全休息絕非對它有利。

我們知道，如果不給大腦任何刺激，它就會開始自己胡思亂想。拿最極端的例子來說，人進入獨居的房中什麼都不做的話，可能會看到幻象。這可以說就是大腦任意活動的結果。

總而言之，不吸收任何訊息，完全空著不讓它轉，對大腦來說，毋寧是痛苦的。

做一次令自己印象深刻的新體驗，去未知的世界旅行，在興趣的驅使下做一件什麼事……徹徹底底地讓自己全身心投入。

休長假期間忘掉平日的自己是一個重點。因為從那裡你會發現自己的另一種潛力。

正是因為休長假打破了日常性規律，所以成為最能刺激大腦的時刻。既然特地有一個完整的假期，就用一整個星期徹底地刺激一下大腦吧。不要把好幾天的假細分成幾天來休，更大膽的運用時間，才能有效地刺激大腦。

從公司、工作……這些日常大腦的壓力完全解放開來，就可以有機會發現新的自己。

小撇步

請上司允許你有個「完整的假期」。

6 放空一切，重新找回自己

在完全off的狀態中，重新找回自己

我自己平常過得很忙碌。星期六日也要寫稿，不太能有休息的感覺。

唯一一件可以讓我完全遠離工作的，就是參加巡航之旅，有一星期到十天左右的時間都待在海上。那段時間，手機無法收訊，電子郵件也不能隨時查看，等於是完全跟資訊隔絕了。

然而，這也就是海上旅行的優點。

不管是方便的手機還是電腦，沒有了它們並不會少塊肉，沒那麼重要。

我辭去大學教學醫院工作的時候，便去搭船度過了四十天的悠閒時光。在四十五歲時能有那樣的時間，現在想起來，眞是一段非常珍貴的體驗。

每天不斷地被時間追趕，到最後連自己的路該怎麼走下去，都有些不太確定了。

但是，搭船出遊之後，時間就好像靜止了一樣，世間所有的事也都了然於心了。這樣既可以好好地重新檢視自己，也會遇到很多從來沒想到的全新體驗。可以與日常生活中不會遇到的人聊天，或是在從來沒見過的城市、街道上散步。過著不用在意時間、什麼事都不做的日子。

平時我們總會不時地留意時間的流逝，腦袋裡也拋不開工作的影子，但是在船旅的異次空間裡，是可以將這些事完全阻絕的。

當然，並不是只有船旅才能達到這種效果。每個人都應該努力去建立一個屬於自我的完全off的世界或者狀態。

試著逃離時間的統治吧。

小撇步　**為自己找出可以off的時間和空間。**

7 外出旅行，感動比觀光更重要

在旅行之地，自己的感性比觀光更重要

旅行是一個發現新事物的機會。旅行若只是一種慰藉，或是玩樂，那麼不但對工作毫無助益，也是一種時間的浪費。

到了旅行的目的地，就應該隨興所至地去看、去接觸，對感到有趣、感動的事物都好好珍惜，相信自己的感性去行動才對。

旅行社所安排的套裝旅行，都是固定的行程，經常沒有多餘的時間，可以讓團員在街角發現新事物。所以旅行時一定要盡可能地增加自由活動的時間。如果一趟旅行只是爲了確認導覽書或雜誌上的照片，這樣的旅行根本毫無意義。

我的建議是，不妨在所到之處，帶著電視台報導人員那樣的心情，做一些場景的描述。因爲只是淡漠地看著風景，其實不太能留下印象。將眼前所見都化爲語言，它就能變成資訊存在腦子裡。

自由時間，自費行程的團員們
我要脫隊去看看。

我們的眼睛並不是照相機，映入眼裡的資訊會漸漸地淡忘。如果不在腦海中進行記憶轉換的作業，到了最後什麼也不會記住。

別擔心感想與眾不同

另一點我想說的是，到了國外，覺得無趣、無聊就直說。若是覺得「難得來了一趟，沒有和其他人一起同樂的話，會掃了大家的興。」那就更加難以把這次經驗留在記憶中。

「這座城堡雖然很古老，可是沒什麼意思。」或是「街道並不是陳舊就漂亮」之類的否定意見，還是必須暢快地說出來才好。

當然也不用從頭到尾都否定，多去看看國內沒有的建築，或是瞭解國人沒體驗過的習慣才好。

小撇步

出外旅行時，多把自己原創的發現說出來。

8 勤於更新部落格，是提升形象的一大利器

不管任何事，「最後自己來」的力氣是重要的

把事情委任給別人，將時間作更有效率的運用是重要的，但是最後自己仍要具備解決的能力。

比如說，網頁設計的作業，請專門的業者來執行，做出來的成果一定十分精美，但是，若是部落格的話，自己著手管理在更新上會比較快速。

一些名人的部落格一旦開放留言，就會有人惡意地上來亂塗鴉。而且，若是置之不理，正好證明那位名人根本沒在管理自己的部落格。

部落格原意是在表達自己的心聲，但也是提升自己形象上的一大利器。把部落格的維護交給別人，不僅會延遲更新，有時也會造成負面的印象。

同樣的道理也可以套用在其他事上。任何事到最後都必須處在自己有能力解決的狀況下。因此平時雖然可以委託給別人，但必須有最後自己也得動手的心理

準備。

此外，爲了維護部落格，也必須經常對新事物保持興趣。出門時必定帶著數位相機，看到馬路上任何一點小小的趣味都不放過，將它拍攝下來。

而尋找這些「小趣味」，就能培養一個人的觀察力。

書寫部落格是一件費時費工的事。但它也會是促進我們積極行動的一個契機。

小撇步

在街上尋找有趣的事物，寫在部落格上。

第七章

掌控好時間的行程管理

1 預約行程應當場確定並記錄，更能有效運用時間

行程的決定不要延遲

有兩、三處的人來電聯絡都說「請將未來幾天空下來。」但日程都不確定，這種時候，一般人會習慣先用鉛筆寫在記事簿上，但基本上，應該盡量當場就把這個預約確定下來。

忙碌的人若要有效利用時間，是不會把預約行程拖到日後才決定的。以我來說，與別人敲行程空檔時，一定即時以電子郵件回答，或是打電話聯絡。演講會的邀請，只要我當日空得出來，也是立刻就做決定。

一般人經常會覺得，若是太過忙碌，只要把B行程取消掉，然後移動A行程，就會更有效率……但不可能一切事務都能如願地完美配合。

不如說「一切行程都能如願調配」的想法，只會讓事情無法進展。

暫時的預定以可消除的筆書寫

有些狀況眞是無法馬上決定，而成了暫時的預定，此時就用鉛筆記在記事本裡，等到正式確定時，用橡皮擦把多餘的記錄擦去就可以了。

最近市面上出現一種可以消除筆跡的擦擦筆。這種筆平常的功能就像一般墨水筆一樣，但是只要用附在筆頭的專用橡皮強力摩擦，就能讓文字完全消失。由於摩擦熱度必須到達六十度才會起作用，用手指去擦是不會消失的；如果使用橡皮擦，也可以擦去。

運用這類新科技文具，盡可能將預約行程寫清楚吧。

小撇步

預定行程應當場決定，然後詳實記下來。

2 凡事都做備忘，避免重複約定

模糊不明的記憶容易被取代

別人與你約定了時間，你一口答應了，但事後才想到那段時間已經有了其他事情了……像這樣重複約定的狀況，一定要避免才行。

所以，務必要養成一敲定時間就用筆記下來的習慣。自忖一定記得就擱著不管，一旦下一個訊息進來時，就會把前一個訊息忘得一乾二淨了。

這是一種人類的記憶特徵，稱之為「記憶干擾」的現象。在那一瞬間，雖然自認為「絕對記得」，但是模糊不明的記憶，很快就會被取代。

為了確保記憶，將事情記錄並保存下來，乃是最佳的方法。

接到電話時，確認電子郵件時，都請養成隨手寫下來的習慣。

備忘錄要一元化管理

約定的備忘不要分散在各處，最好統一記錄在一本記事簿中。備忘的整合也不可小覷。好不容易記下來，卻不知放到哪兒去的話，等於毫無意義。一則因為備忘這類小東西，事後才找的話大都找不到了；二則尋找的時間也等於白費了。最好養成習慣，經常記錄在同一本簿子上。

附箋紙之類的隨手貼便條是很方便，但是貼了之後也可能脫落，盡量在情非得已的時候才用，平時還是直接寫在記事本上比較好。

小撇步

預約的時間訊息，立刻統一寫在記事本上。

3 行程撞期時，選擇哪一邊都不要後悔

「早知道去另一邊就好了」的想法，只會對大腦產生負面影響

朋友的婚禮跟自己的出遊日撞期了；工作行程上有兩件事在同一段時間重疊，明明有空的時候閒到發慌，爲什麼還會撞期呢，這時候再懊惱也沒用，不想撞也撞了。到底該以哪個爲優先？如何抉擇常令人大傷腦筋。

然而，這種事並沒有正確答案，說到底，該怎麼抉擇還是得看當時的狀況而定。

重點是，不論自己最後選擇了哪一方，都不要後悔。千萬不要覺得「早知道還是去就好了」、「自己的事延後再辦就好了」，自己想像著各式各樣的結局。

在這種情形下，很少有辦法做到最佳抉擇。到最後，經常是兩邊都受到影響，或是兩邊都得罪了，弄得裡外不是人。

但是，即使如此也不要放在心上。

我選這邊
選了它就盡情投入吧！
這邊
那邊
1
2

陷入左右為難的時候，就不要期望會有完美的結局。兩方面都想求全，最後一定兩方都討不到好。事後一再後悔，覺得還是應以另一方優先的想法，只會在腦中留下負面印象。好不容易才下了決心做選擇，最後卻因此無法得到好結果。

我也曾經很多次接到演講會的邀請時，正要出門旅行，心裡想著如果是去演講就好了。但是，考慮到未來，實際上去旅行所擁有的新體驗，好處比演講多許多。

人活在世上本來就是得不斷地抉擇。因此一旦決定了選項，就告訴自己不要後悔吧。

小撇步 **做了選擇之後，就好好接受那種選擇吧。**

4 記事簿盡可能大一點，以便記入各種資訊

愈是忙碌，行事也愈複雜

記事簿種類繁多，想到隨身攜帶的便利性，小型記事簿比較好，但這麼一來，自己的需要可能得要牽就記事簿的尺寸。因爲空間小而省略記錄的話，之後就必須仔細查閱或搜尋，這又會成爲時間的浪費。

因此依我的建議，最好是使用大記事簿，把行事附帶的事情原委，都一併記入。

業務擴展得愈大，行事會變得複雜，資訊也會增多。望眼未來，在新年度換一本大尺寸的記事簿，也算是自己正在變化的證明。

我最近使用的是Moleskine牌的記事簿。Moleskine的筆記簿已有兩百年以上的歷史，因爲畫家馬蒂斯和梵谷也是愛用者而聞名於世。

該記事簿的特色是硬皮封面附彈性束帶，資料夾在裡面也不會掉落。我用的

記事簿是每一對開頁即為一週行事的類型。但為了配合消費者日漸複雜的行事或書寫創意的需要，最近我也開始用每頁單日行程的形式。兩冊時時不忘隨身攜帶。

小撇步

用大尺寸的記事簿，將行事附帶的資料也一併記入。

5 把每日行程提早到清晨六點，增加可利用時間

增加自己時間的有效方法

不少人在記事簿中寫入行程時，都是從早上九點開始寫起吧。但那是因爲，人們把自己開始行動的時間訂在「早上九點」。

一天的行動若是能盡早開始，那麼可運用的時間就可能增加。

因此，不妨把一日行事的時間，從清晨六點鐘開始排起。

清晨六點雖然不太可能跟人會面，但可以整理當天的資料，或是將自己的計畫塡入行程表中。

這樣一來，自己的時間增多了，而且養成從一早就排入行程的習慣，才能叫做創造時間的生活。

今天也要加油！
5:45AM起床
6:00AM散步
7:00AM
資料處理
9:00AM
進公司
11:30AM午餐

往後推遲一日的結束時間

當然，一日行程的結束時間，也盡量設得晚一點。有的時候忙碌起來，就算晚上十點也得與人見面。自己決定晚上七點下班的做法，不是年輕人應該做的事。

如果不願意盡可能地配合對方的時間，對方自然不會有好感，工作的機會也就隨之減少了。

小撇步

嘗試每天的行事從清晨六點開始排起。

6 善用手機功能，管理會議和名片

以鬧鈴區隔開會時間

手機裡大都附帶了形形色色的功能。相信許多人會利用鬧鈴當作起床的鬧鐘吧；但也有人把它用在開會上。

要和很多人會面時，鬧鈴的聲響可以間接讓對方知道，接下來還有人在等。但是這畢竟是自己立場處於優勢的狀態。與客戶面談時不能使用。

只不過是我有一次想起從前掛鐘每小時鳴響報時的功能，於是將手機也設定為每小時鈴響，而這竟然帶來意料之外的便利性。

舉例來說，它可以運用在工作的區隔上。

手機也可用來管理名片

我自己做過各種方式的名片管理，但都找不到一種最理想而方便的方式。

我也曾試過把名片掃描輸入電腦中的整理法，但連續忙碌個幾天，名片便堆積如山，最後連處理掃描的時間都沒有。

而且，雖然最近掃描設備的精密度有相當的提升，但只要未能達到百分之百的精確，輸入錯誤的話，還要在事後找出名片來手動修改。

不過，最近有一種新型手機可以讀取名片。使用這種功能，在取得名片的當下，利用一點點時間就能輸入名片資料，或許可以縮短不少時間。

小撇步 **嘗試活用手機功能。**

7 用數位相機拍下有趣事物，節省事後搜尋時間

有趣的事物、引人注意的事物，都以數位相機拍下

在雜誌或報紙上看到趣味的報導，在街頭遇到引起我們興趣的事物時，應立刻記錄下來。

養成記錄的習慣後，就能省去事後尋找的動作，說到底還是一種節省時間的方法。

因爲事後想起需要，才開始在記憶中搜尋，白白多花了很多時間。

現在數位相機十分方便，只要覺得有趣，瞬間就能輕鬆記錄。另外像是手機上的照相功能，事後尋找起來更是簡單。

從現在起，養成將數位相機隨時帶在身邊的習慣，隨時將拍到的影像按日期和時間來做整理吧。

小撇步

數位相機帶著走，拍下任何有趣或值得注意的事物。

國家圖書館出版品預行編目資料

時間管理成功術 ／ 米山公啓著；慕樂譯. 一 初版. 一 臺北市：商周出版 ： 家庭傳媒 城邦分公司發行, 2012.06
面； 公分. --（全腦學習系列；5X）

ISBN 978-986-6662-55-3（平裝）

1. 時間管理 2. 生活指導 3. 左右腦理論

177.2 97006282

全腦學習系列5

時間管理成功術——腦科專家教你善用時間62招

作者 ／ 米山公啓
譯者 ／ 慕樂
企畫選書 ／ 黃靖卉
責任編輯 ／ 黃靖卉、羅珮芳

版權 ／ 黃淑敏、邱珮芸
行銷業務 ／ 莊英傑、張媖茜、黃崇華
總編輯 ／ 黃靖卉
總經理 ／ 彭之琬
事業群總經理 ／ 黃淑貞
發行人 ／ 何飛鵬
法律顧問 ／ 元禾法律事務所 王子文律師
出版 ／ 商周出版
城邦文化事業股份有限公司
台北市中山區民生東路二段141號9樓
電話：(02) 2500-7008 傳真：(02) 2500-7759
E-mail：bwp.service@cite.com.tw
發行 ／ 英屬蓋曼群島商家庭傳媒股份有限公司城邦分公司
台北市中山區民生東路二段141號2樓
書虫客服服務專線：02-25007718．02-25007719
24小時傳真服務：02-25001990．02-25001991
服務時間：週一至週五09:30-12:00．13:30-17:00
郵撥帳號：19863813 戶名：書虫股份有限公司
讀者服務信箱E-mail：service@readingclub.com.tw
歡迎光臨城邦讀書花園 網址：www.cite.com.tw
香港發行所 ／ 城邦（香港）出版集團
香港灣仔駱克道193號東超商業中心1F E-mail : hkcite@biznetvigator.com
電話：(852) 25086231 傳真：(852) 25789337
馬新發行所 ／ 城邦（馬新）出版集團【Cite (M) Sdn Bhd】
41, Jalan Radin Anum, Bandar Baru Sri Petaling,
57000 Kuala Lumpur, Malaysia.
電話：(603) 90578822 傳真：(603) 90576622
Email: cite@cite.com.my

封面設計 ／ 許晉維
排版 ／ 極翔企業有限公司
印刷 ／ 韋懋實業有限公司
經銷 ／ 聯合發行股份有限公司
電話：(02) 2917-8022 傳真：(02) 2911-0053
地址：新北市231新店區寶橋路235巷6弄6號2樓

■2008年4月29日初版
■2019年8月07日三版1刷
Printed in Taiwan

定價280元
ATAMA NO IIHITONO JIKAN KOURYAKUHOU

城邦讀書花園
www.cite.com.tw
 ISBN 978-986-6662-55-3

請於此處用膠水黏貼

商周出版

讀者回函卡

感謝您購買我們出版的書籍！請費心填寫此回函卡，我們將不定期寄上城邦集團最新的出版訊息。

姓名：＿＿＿＿＿＿＿＿ 性別：□男 □女

生日：西元＿＿＿＿年＿＿＿＿月＿＿＿＿日

地址：＿＿＿＿＿＿＿＿

聯絡電話：＿＿＿＿＿＿＿＿ 傳真：＿＿＿＿＿＿＿＿

E-mail ：

學歷：□ 1. 小學 □ 2. 國中 □ 3. 高中 □ 4. 大學 □ 5. 研究所以上

職業：□ 1. 學生 □ 2. 軍公教 □ 3. 服務 □ 4. 金融 □ 5. 製造 □ 6. 資訊

□ 7. 傳播 □ 8. 自由業 □ 9. 農漁牧 □ 10. 家管 □ 11. 退休

□ 12. 其他＿＿＿＿＿＿＿＿

您從何種方式得知本書消息？

□ 1. 書店 □ 2. 網路 □ 3. 報紙 □ 4. 雜誌 □ 5. 廣播 □ 6. 電視

□ 7. 親友推薦 □ 8. 其他＿＿＿＿＿＿＿＿

您通常以何種方式購書？

□ 1. 書店 □ 2. 網路 □ 3. 傳真訂購 □ 4. 郵局劃撥 □ 5. 其他＿＿＿＿

您喜歡閱讀那些類別的書籍？

□ 1. 財經商業 □ 2. 自然科學 □ 3. 歷史 □ 4. 法律 □ 5. 文學

□ 6. 休閒旅遊 □ 7. 小說 □ 8. 人物傳記 □ 9. 生活、勵志 □ 10. 其他

對我們的建議：＿＿＿＿＿＿＿＿

＿＿＿＿＿＿＿＿

＿＿＿＿＿＿＿＿

【為提供訂購、行銷、客戶管理或其他合於營業登記項目或章程所定業務之目的，城邦出版人集團（即英屬蓋曼群島商家庭傳媒（股）公司城邦分公司、城邦文化事業（股）公司），於本集團之營運期間及地區內，將以電郵、傳真、電話、簡訊、郵寄或其他公告方式利用您提供之資料（資料類別：C001、C002、C003、C011 等）。利用對象除本集團外，亦可能包括相關服務的協力機構。如您有依個資法第三條或其他需服務之處，得致電本公司客服中心電話 02-25007718 請求協助。相關資料如為非必要項目，不提供亦不影響您的權益。】

1.C001 辨識個人者：如消費者之姓名、地址、電話、電子郵件等資訊。

2.C002 辨識財務者：如信用卡或轉帳帳戶資訊。

3.C003 政府資料中之辨識者：如身分證字號或護照號碼（外國人）。

4.C011 個人描述：如性別、國籍、出生年月日。

請於此處用膠水黏貼